貓頭鷹書房

有些書套著嚴肅的學術外衣，但內容平易近人，非常好讀；有些書討論近乎冷僻的主題，其實意蘊深遠，充滿閱讀的樂趣；還有些書大家時時掛在嘴邊，但我們卻從未看過……

如果沒有人推薦、提醒、出版，這些散發著智慧光芒的傑作，就會在我們的生命中錯失——因此我們有了**貓頭鷹書房**，作爲這些書安身立命的家，也作爲我們智性活動的主題樂園。

貓頭鷹書房——智者在此垂釣

內容簡介

兩千五百年前的亞里斯多德到一百年前的佛洛依德，無不試圖解開夢的奧祕。隨著醫學技術與儀器的進步，科學家不再停滯理論層次的爭論，而能真正深入腦部、檢測作夢時的反應，進一步解釋睡眠中的大腦與夢的關係。作者以淺顯易懂的筆調回溯從一九五〇年代以來有關作夢的各種研究，清楚交代支持和反對佛洛伊德兩大派的實驗發現。想理解人為什麼作夢以及如何作夢，深入比迷宮還複雜的腦部，一探人類心智中樞的祕密，本書是最好的指引。

作者簡介

蘿柯（Andrea Rock）得獎無數，包括聲譽卓著的國家雜誌獎、調查記者與編輯協會獎、專業記者學會獎，以及美國家庭醫生學會獎。現居紐約州哈德孫河畔的克羅頓。

譯者簡介

吳妍儀，中正哲研所碩士畢業，現為專職譯者，譯作《哲學的四十堂公開課》、《太陽召喚：格里莎三部曲之一》、《傲慢與偏見》、《撒旦的情歌》、《WWW.甦醒》、《WWW.驚奇》、《亡命抉擇》、《明信片殺手》、《魔女高校》系列、《魔女嘉莉》、《傲慢與偏見與僵屍》、《雪地拼圖》、《紐約好精靈》、《天真善感的愛人》、《蓋布瑞爾的眼淚》等。

貓頭鷹書房 218

夢的科學新解析

睡覺很重要，作夢更要緊！

（2017 增修版）

The Mind at Night

The new science of how and why we dream

蘿柯◎著

吳妍儀◎譯

貓頭鷹

貓頭鷹書房 218 ISBN 978-986-7879-45-5

夢的科學新解析：睡覺很重要，作夢更要緊！（2017 增修版）
（舊版　夢的科學：解析睡眠中的大腦）

作　　者　蘿　柯（Andrea Rock）
譯　　者　吳妍儀
主　　編　陳穎青
責任編輯　謝宜英
特約編輯　蕭永玫
專業校對　魏秋綢
版面構成　謝宜欣、健呈電腦排版股份有限公司、張靜怡
封面設計　林秦華
行銷業務　林智萱、張庭華、鄭詠文
編輯顧問　陳穎青（老貓）
總 編 輯　謝宜英
出　　版　貓頭鷹出版
發 行 人　凃玉雲
發　　行　英屬蓋曼群島商家庭傳媒股份有限公司城邦分公司
聯絡地址：104 台北市民生東路二段 141 號 2 樓
郵撥帳號：19863813 ／戶名：書虫股份有限公司
購書服務專線：02-25007718~9
（周一至周五上午 09:30-12:00；下午 13:30-17:00）
24 小時傳真專線：02-25001990~1
購書服務信箱：service@readingclub.com.tw
香港發行　城邦（香港）出版集團
電話：852-25086231 ／傳真：852-25789337
馬新發行　城邦（馬新）出版集團
電話：603-90578822 ／傳真：603-90576622
印　　刷　成陽印刷股份有限公司
初　　版　2007 年 8 月
二　　版　2013 年 10 月
三　　版　2017 年 5 月

定　　價　新台幣 320 元／港幣 107 元

讀者服務信箱　owl@cph.com.tw
貓頭鷹知識網　http://www.owls.tw
歡迎上網訂購；

城邦讀書花園
www.cite.com.tw

國家圖書館出版品預行編目資料

夢的科學新解析：睡覺很重要，作夢更要緊！/ 蘿柯 (Andrea Rock) 著；吳妍儀譯 . -- 三版 . -- 臺北市：貓頭鷹出版：家庭傳媒城邦分公司發行，2017.05
面：　公分 . --（貓頭鷹書房；218）
譯自：The mind at aight : the new science of how and why we dream
ISBN 978-986-7879-45-5（平裝）
1. 解夢 2. 腦部
175.1　　106005042

■導讀

睡眠不只是休息

中央大學認知神經科學研究所所長

洪蘭

我父親常說「舒服不過躺下，好吃不過餃子」，對勤勞淳樸的中國人來說，勞累了一天，晚上得以躺下睡覺，那真是最舒服的事。我們很少去質疑人為什麼要睡覺，覺得它就像日出、日落、春去、秋來一樣，是件最自然不過之事。何況人睡著了不會反應，如果不會反應，怎麼做研究呢？

睡眠之謎是到二十世紀初，腦波儀發明後才慢慢解開，人們才發現睡著了，身體休息了，大腦其實還在工作，它在修補整理白天發生之事。莎士比亞說「睡眠是受傷心靈的安慰劑」，心情不好時，就去睡吧！睡飽了情緒就好了。我們現在知道在第四階段睡眠時，大腦會分泌跟情緒有關的血清胺和正腎上腺素二種神經傳導物質，及時補充了大腦的需求，情緒就提昇起來了。不論中外的智者都教年輕人不要倉促做決定，重大的事情放在枕頭底下 sleep on it，第二天早上醒來如果仍是同樣感覺，才可以放手去做。我們現在知道做夢時會把白天發生的事拿出來整理，剛入睡時，做的是白天發生的事，天快亮時所做的夢是以前發生的事，古人說的「日有所思，夜有所夢」是有科學證據的，常有白天百思不解的難題在夢中迎刃而解。

記憶的研究也發現短期記憶要變成長期記憶必須經過「固化」的歷程，它是在睡眠時透過神經迴路的活化所完成的，每次作夢，每次把新、舊的訊息重新組合，把新的納入舊有的認知架構中，所以記憶是個重新建構的歷程，人的記憶很不可靠，許多是大腦想當然爾所填補的虛構情節。

睡眠的科學研究對學習有很大關係，第一、它讓我們知道「頭懸樑，錐刺骨」的那種讀書方法是無效的，讀書要讀進大腦，轉化成長期記憶才有效，而轉化的過程需要神經傳導物質尤其是血清胺的協助，因此要孩子功課好，需要他睡得飽，讀書才會事半功倍。此外本書也指出夢的怪異是有生理上的原因，做惡夢不必惴惴不安，嚇得去拜拜或找人解釋夢。人在作夢時，眼球會快速的轉動，叫動眼睡眠（REM），大腦的正腎上腺素在動眼睡眠時量很低，而正腎上腺素會減少神經元同時一起放電的可能性，使訊息不會雜亂，它同時鎖定某個特定訊息，使我們不會像精神分裂者講話那樣隨意跳躍，使人不知所云。大腦電波雜訊多，夢中場景就會一直更換，它的怪異跟作夢時大腦中乙醯膽鹼大量增加也有關係，不過最主要是我們大腦不管面對什麼樣的荒謬事情，就算完全沒有任何意義可言，它還是會堅持編造出某種意義出來，所以我們的夢就在大腦堅持它非得是有意義的情況下，變成醒來時那種似真非真的感覺了。

大腦的左腦前區是加州大學認知神經科學講座教授葛詹尼加所謂的「解釋者」，專門把自己的一切行為合理化。在腦造影的圖片中，我們看到在作夢時，掌管大腦情緒的邊緣系統全力運作，比清醒時增加了百分之十五，活化的最高點在前扣帶迴，這個地方是「注意力」很重要的地方，它賦予夢境經驗的意義。

一九六二年諾貝爾生醫獎的得主克里克就認為這個前扣帶迴是自由意志的中樞，我們從這裡產生出「自我」，有可以獨立行動的感覺，而我們大腦的總裁——前額葉皮質要到醒來二十分鐘以後才會徹底活躍，難怪人醒來後，會有一陣子迷迷糊糊，你知道人家在講什麼，但是在反應上會慢半拍，因為前扣帶迴在剛醒來時就很活躍，而前額葉皮質還在「暖身」。

睡眠的科學研究解開了許多我們自己每天經驗到情境的謎，使我們更能利用身體的生理狀態去趨吉避凶。這領域是近年來腦造影技術精進能夠實際看到睡眠時大腦內在情形後才蓬勃興盛起來的，每天都有許多新知湧出，包括被催眠時的大腦的情形，因此，這本從實驗證據來闡述最新大腦睡眠知識的書就很值得大家好好讀一讀。

「知識是力量」，了解夢與睡眠，就了解自己的潛意識運作，就更能維護自己的身心健康，樂天知命的過日子了。

夢的科學新解析：睡覺很重要，作夢更要緊！

目次

編輯弁言

書中括弧內以楷體呈現的文字為譯者所加註解。

前言 我們爲什麼要浪費時間睡覺？

我總是納悶，爲什麼我的大腦不能跟我的身體一樣，晚上就好好地休息，反而要營造出一個看似眞實，彷如清醒世界般的人工世界。我記得的夢境，並不比我知道的大多數人更多，但我對於我記得眞眞切切的那些夢十分著迷，而且對於這些夢的意義（如果眞有意義的話）很好奇。

通常我醒來時，完全不記得我作了夢，但有時候，夢中的經驗如此鮮明，讓我白天的心情也隨之受到影響。我的飛行之夢一年只出現兩三次，但這些夢氣氛愉快。然而，在我夜間生活頻繁出現的夢，卻是典型的焦慮之夢；在夢中，我得爲了一堂從未上過的課參加考試，或者在派對中，發現自己竟然沒穿上重要的宴會服裝。此外，還有「失控」的夢，我在夢裡駕駛的車輛沒有煞車或方向盤，卻正要駛入蜿蜒險峻的山丘；或者追逐的夢，我在夢中被某個危險人物或動物追趕。共同點在於：從視覺細節到夢境所引發的情緒，所有的夢，感覺上都很眞實。

跟朋友討論起來，我發現我的夢境主題似乎還滿常見的，我對這些夢的好奇心也是如此。我無意間讀到一篇由已故物理學家費曼所寫的文章，我發現他對夢所提出的許多問題，跟我所抱持的疑問是相同的，這讓我大感興趣。跟費曼一樣，我很好奇爲何夢中景象看起來如此眞實，但我也驚異於夢怎麼能**感覺起來**這麼貼近清醒時的生活。我三不五時夢到我的孩子從懸崖上墜落，或跌出窗口，那時我的恐懼帶來的生理感受很眞實，讓我醒來時心跳不已。睡魔降臨時，我們的意識之流到底發生了什麼事？仔細思考這個謎團之後，費曼把注意力集中到其他引人入勝的問題上：「你的想法出了什麼狀況？你想得好好的，思緒清清楚楚，但接下來出了什麼事？這些想法是突然停下來的，還是漸漸趨緩、最後終於停止？或者更確切地說，你，是怎麼把思緒關掉的？」

根據我爲此書進行調查所得的發現，你，並沒有把思緒關掉。思緒只是採取了不同的形式。費曼哀嘆，他對夢境的疑問毫無所得，因爲那時這個主題的科學研究少之又少。但多虧過去二十年來夢境研究的發展，許多問題現在可以得到解答了。對於夢境爲何看起來、感覺起來如此眞實，我發現了驚人的解釋——這些解釋本身就很引人入勝，但也深刻地揭露了心靈在意識清醒時的運作方式。實際上，在我穿越神經科學研究的過程中，最令人興奮的就是：更加了解在其餘十六小時裡，我們是如何運作的。

當我開始爲本書進行報導時，我很快發現，就算是對「作夢的定義」這類看似簡單的事情，科學家都不可能有一致的意見。某些人對作夢所下的狹義定義是：一種幻覺性的敘事體創造物，其中出場人物和清晰可辨的情節主線一應俱全，主要發生在稱爲「快速動眼（REM）睡眠」的休息期間——如同這個名詞所暗示的，這時候你會看到睡眠者的眼珠在緊閉的眼皮下來回轉動。在光譜另一端的研究者，則把任何一個睡眠階段發生的任何一種心理活動，都歸類爲夢，甚至有些人論證，即使是在清醒狀態下，發生了像夢一樣的心智處理過程（像是沉思），也應該包括在夢的定義範圍內。我花了好幾個月訪問科學家，自己也在實驗室裡充當受試者，消化了成堆研究成果、夢境報告和其他相關資料之後，對我來說，趨近於光譜中較廣義那一端的作夢定義，顯然最能反映從夢境研究中浮現的知識領域。

爲了方便以下各章的討論，我把夢定義爲一種「睡眠期的心理經驗」，而且可以在意識清醒時加以描述。某些夢相對來說十分平凡，而某些卻是幻覺界的大師之作。當然，只有在夢進行到一半或者夢境剛結束時，我們才有可能描述它。即使我們不記得大部分的夢，仍然每晚都會作夢。而研究顯示，不管我們記得或不記得，夢境都影響我們清醒時刻的品質。

我發現夜晚的心靈活躍得驚人，而且不只在它炮製出一幕場景，讓我們突然不用搭飛機就會飛的時候才是如此。大腦運用讓我們能在白晝悠遊於世的同一套神經迴路，在「上晚班」時執行了一連串令人印象深刻的重要認知作業。舉例來說，當我們剛入夢時，會體驗有如夢境卻沒有情節的心像，這和腦部在夜間執行的一項重大功能有關：重新回溯經驗，以便從中汲取重要到值得整合到長期記憶裡的東西，然後據此更新腦中有助於引導日間行爲的內在處世模型。所以，在接下來的頁數裡，你會發現心靈如何編織出鮮明如電影的心智構成物；當夢這個字在心裡浮現的時候，我們通常會想到的就是這類東西。但你也會認識到每晚完全發生在意識範圍外的其他相關高階心智活動，這些活動和夢同樣重要；雖然在睡眠期間你心靈中發生的某些事件，是你無法描述的，而這些事件還是對「你之所以爲你」以及「你如何在世間生存」影響深遠。

自有歷史紀錄以來，作夢一直占據著人類的想像，就如同凡戴卡索在他詳盡的夢境歷史《我們作夢的心靈》中明示的那樣。最早的夢境紀錄來自美索不達米亞，詳述傳奇英雄吉爾迦美冒險史的黏土板，上面也記載對夢境的描述，還指出如何解釋其中的象徵和暗喻。黏土板是在西元前七世紀一位國王的圖書館裡發現的，但這些充滿夢境的故事口傳版本，據信在西元前七世紀以前早已流傳數百年。在大約西元前一千年左右，在印度與中國兩地都有文本記載如何破解夢境的意義。這些對夢的早期概念環繞著一個想法：它們是來自諸神的訊息，能用以預測未來；而且在許多文化裡，夢仍然被視爲具有這種力量。

關於夢的**現代**思想，其根源可以追溯到古代。亞里斯多德宣稱，「作夢是睡眠時的思考」，而遠非什麼來自神聖根源的產物。西元前九百年至前五百年間在印度寫成的哲學著作《奧義書》主張，是作夢者自己創造出馬、戰車和其他在夢境世界裡出現的東西，而夢中的物件則是作夢者內在欲望的展現。

當然，這個概念是佛洛伊德夢境理論的核心，該理論在二十世紀上半葉的大半時期裡，同時主宰了科學界和一般人對夢的看法。佛洛伊德把夢的解析描述成「了解心靈無意識活動的捷徑」。就他的觀點，無意識是由從未進入意識中的內在訊息，以及迴避到無意識中保持受壓抑狀態的經驗思維兩者所組成，這些經驗思維之所以受到壓抑，是因爲它們是難以接受的記憶、願望和恐懼。與自己母親共寢、還有殺死自己父親的壓抑欲望，成了佛洛伊德理論或許最具代表性的例子。

佛洛伊德在一九〇〇年出版的《夢的解析》中論證，夢從潛意識願望（主要是性欲和攻擊欲，佛洛伊德稱之爲欲力衝動）中躍出，一般狀態下負責審查監控的自我會在清醒時刻壓制這些願望。要保護睡眠免於被打斷，心靈隨後藉由創造夢境來想像這些願望的滿足——這些夢境是象徵性的、不連貫的故事，充斥著精心設計的視覺暗喻，用以偽裝實際要表達的欲望和恐懼。這些願望有時是起於「白日遺思」，這是指一些有意記得的願望，它們在白晝時興起卻未得滿足；待睡眠放鬆心靈審查者的控制之後，從無意識中轉爲冒出的欲望。

就佛洛伊德的觀點，夢的象徵得在精神分析師的幫助之下，經過翻譯才能發覺其意義。分析師受到訓練，使用佛洛伊德的「自由聯想」技巧——指導作夢者對於夢的每個組成元素說出他們心中所想到的任何事，而不去過濾他們的思維。利用自由聯想破解一場夢裡看似怪異、「明確」的內容，並揭露其中「潛藏」內容裡讓人不舒服的隱含眞相，這是佛洛伊德精神分析學派的重心所在。一組佛洛伊德派詞彙被發展出來解釋各種象徵代表的意義。大多數的象徵都有性意涵，而這些象徵都滲透到大眾文化之中了。要把一列火車進入隧道的畫面跟其中的佛洛伊德式詮釋分開來是很困難的，這個事實，被大導演希區考克充分地運用在電影「北西北」裡，片中卡萊葛倫和伊娃瑪麗仙兩人在火車臥鋪車廂的一幕誘惑場景，突然地跳接到火車衝入隧道的鏡頭。

在概括敘述其觀點時，佛洛伊德明白表示：「大部分的成人夢境處理的都是關於性的素材，並表達情色方面的願望。」他堅決主張：「來自我們早年生活的印象可能出現在我們的夢中，雖然可能這不是我們清醒時的記憶所能處理的。」舉例來說，在他最知名的一個病例裡，一位病人夢見狼坐在樹下，佛洛伊德的結論是：這象徵一個童年早期的創傷記憶——他觀察到自己的父母做愛——還有一種潛藏的閹割恐懼。

佛洛伊德堅持大多數的夢境內容反映出壓抑的性欲望，這種主張是導致他和舊日門徒榮格決裂的一項主要因素；在過去這個世紀的大部分時候，榮格的夢境理論也影響了這個主題的流行思潮。跟佛洛伊德不同，榮格不相信夢境非得被解碼才能解讀其中埋藏的意義。他寫道：「『明確』的夢境圖像就是夢本身，而且其中就包含了夢的全部意義。」榮格相信，夢中的意象可以把來自心靈本能和情緒部分的訊息傳遞到理性的那一邊去，但他們不盡然全是經過僞裝的符號，象徵著被壓抑的性欲衝動。事實上，夢境通常表示成長與發展的積極欲望。他倡議透過稱為「擴大」的過程來分析，在這個過程裡，由作夢者自行探索依附在夢中意象之上的個人意義。舉例來說，如果夢的意象是一艘船，榮格會要求作夢者盡量形容這艘船的所有特徵，就像是要講給以前從沒見過船的人聽一樣。藉由這種方式，他能夠依據作夢者的文化和獨特的個人歷史，發掘他和這個意象之間有什麼樣的特殊連結。

除了能從每個人的個人經驗抽繹出來的意義之外，榮格還主張：夢中的意義還有另一層次。事實上他相信，我們做過最重要的夢，是他所謂「集體無意識」的產物；集體無意識之中反映了人類所繼承的經驗紀錄。既然人類的解剖構造上帶有透露人類演化歷史的痕跡——像是人類胚胎中的尾椎骨退化遺跡——所以榮格也建立理論，說明心靈「跟它所賴以存在的身體一樣，少了歷史就不能成爲現在這個產物了」。他的論證指出，集體潛意識是透過原型而表現的，原型不只出現在夢境中，在整個歷史上也俯拾皆是，出現在神話、童話故事和宗教儀式之中。榮格主張，原型夢境和強烈的情緒連結在一起，而且通常會在我們處境危急或面臨轉變的時刻出現。

針對我們如何作夢、爲何作夢的現代思潮革命，則同時駁斥了佛洛伊德理論和榮格理論中的某些要素。但如同你將看到的，他們各自的理論中都有些重要論點，目前得到了科學證據的支持。一九五〇年代中期從芝加哥某間潮濕陰暗實驗室裡開始的這場革命，在過去十年裡發展速度更快，這要感謝新科技，讓我們看到實際運作中的腦，甚至可以觀察到小至分子層次的運作。在遍及北美和歐洲、從南非到以色列的各實驗室裡，來自生物化學、航空工程、微生物學和機械人學等不同領域的研究者，都加入了神經生理學家和心理學家的行列，要把作夢的心靈之謎給拼湊出來。

在前面幾章裡揭露的故事，探索了我們如何作夢以及爲何作夢，但這個故事可能也會顛覆你對大腦行爲方式的既有預設——不管是「看夕陽」（不論這是外面地平線上的夕陽，還是你夢中場景的片段）這種看似直截了當的工作，還是更複雜些的任務：像是學習、形成記憶和重新提取記憶，或者處理困難的情緒問題。當你的身體在安全狀態下休息時，你的大腦不再需要處理來自外在世界的訊息，它就能自由地專注於其他重要的任務，其中包括把新經驗整合匯入記憶裡。在這個「離線流程」裡發生的事情，會回頭幫助導正你清醒時的行爲。

同時顯而易見的：對於我們最關切的事情和最深刻的感受，夢的內容可以提供寶貴資訊。「我們已經證實，某人的七十五到一百個夢，就能給我們描繪一幅關於此人心理狀態的優良畫像。」東霍夫這麼說；他是一位心理學家，同時也專精於測量並能區分夢境內容種類的系統，全世界研究者已經使用這套系統數十年。「要是給我們從幾十年裡收集來的一千個夢境，我們就可以給你一個心理側寫檔案，幾乎就跟指紋一樣個人化而且精確。」某些研究者堅持作夢沒有目的，但其他人則以論證指出，作夢的過程本身在調節情緒方面扮演了某種角色。

如果大腦運作正常，我們確實每天晚上作夢，雖然我們只想起這些「內在劇場」的一點片段。研究者已經設計出一些簡單的方法，有助於促進對夢境的回憶，好讓我們可以更頻繁地窺見這扇獨特的心靈之窗。科學家也已經證實，我們可以加強自己的能力，變得能夠在作夢的同時察覺自己在作夢，有時候甚至有意地操控下一步要發生的行動——這種驚人的現象稱爲清醒夢。

在快速動眼睡眠期（大部分的夢都是在那時候作的），腦中大量循環的化學物質跟清醒時分泌較多的化學物質不同，腦部最活躍的區域也有所不同。這樣劇烈改變過的運作環境，讓我們能夠做出超水準的心理連結，那種連結在清醒生活中會被腦部合乎邏輯的資訊處理中樞給否決。這樣不拘形式的聯想讓夢具備了有時不合常理的特質，也可能解釋了爲什麼許多藝術家和科學家聲稱，他們突破性的概念來自夢境。

在最後，夢的研究可能也有助於回答許多人認爲最引人入勝的問題：一種特殊的自省意識，似乎區別了人類和其他生物——這種模糊的性質，讓我們能夠做出細密的計畫、幻想、把記憶串起來創造出一個個人歷史，或者運用像語言和藝術這樣的抽象方式，表現我們自己的心理運作過程——這種意識的源頭是什麼？對意識根源的探索，仍然是今日神經科學研究的最前線。目前浮現的答案已經指出，介於作夢意識和清醒意識之間的那條線，並不像過去認爲的那樣涇渭分明。

一九六五年，路斯在一份由美國資助的夢與睡眠狀態研究報告中，很有力地概述了夢境研究這個新科學領域的重要性，當時這個領域才剛剛起步。「有史以來第一次，科學界在心靈對著自己私語時，能窺見一丁點神奇的心靈組成運作。」路斯這麼說：「在對於睡眠的調查中，我們研究的對象並非遺忘，而是人類心靈存在的整個領域。」

第一章　發現快速動眼期

我們對夢的體驗很真實，因為夢是真的……神奇的地方在於：大腦不靠感官幫助，就在夢中複製出所有的感官資訊，從中創造出我們清醒時所生活的世界。

——迪蒙特

在一九五一年秋天，阿瑟林斯基已經走投無路了。他在芝加哥大學一間地牢似的實驗室裡，替他八歲大的兒子亞蒙接上電線，以便透過電極記錄他睡眠時的眼部運動和腦波。此刻他著手做的實驗非得有成果不可，這樣他才能拿到學位、找到工作。阿瑟林斯基是個畢不了業的三十歲老學生，拿到的大學課程學分多得足可榮登金氏世界紀錄，卻只有高中文憑；他想盡辦法，要讓他兒子和懷孕的妻子滿足基本的日常需求，他們居住的公寓刻苦之至，唯一的取暖裝置是個圓筒形暖爐。乍看之下，此人似乎沒有能耐作出這樣重大的發現——對睡眠中的腦部活動提出革命性的科學思想，為一場漫長的研究冒險之旅開先河——這項研究將會提供洞見，幫助解答心靈如何從事由學習到情緒調節的每一件事。

不過，阿瑟林斯基不是個普通的學生；至少可以說，他從很小的時候就過著不符常規的生活。他出生後不久就失去了母親，所以他是由父親在布魯克林區獨力帶大的；他父親是個遊手好閒的俄國移民，本行是牙醫，然而他眞正的心之所向，是在深夜撲克牌戲裡「讓人跟自己的財富分離」。阿瑟林斯基才上小學就已經鋒芒畢露，顯然特別聰明，所以他爸爸叫這小男孩來當他的作弊夥伴。他們一起發展出一套暗號系統，在玩撲克牌戲時從無數個毫不起疑的傻瓜身上大賺一筆。因爲牌戲通常會延續到午夜過後，阿瑟林斯基常常蹺課補眠。實際上，大約三分之一的學年他都缺席。然而在經濟大蕭條時期，學校督察往往會忽略缺席問題，他的課業表現又傑出到讓他可以跳級。他在十五歲時進入布魯克林學院，很快又轉學到馬里蘭州立大學，他在那裡設法選修各式各樣的課，從西班牙文到牙醫課程都包括在內，但在第二次世界大戰讓他投筆從戎之前，他卻沒拿到任何一個學位。

他從軍派駐英國時負責處理強烈炸藥；歸國以後，他的朋友讓他認清，在巴爾的摩當公務員供養妻子與兩歲兒子亞蒙，實在是浪費他的才華。所以他申請芝加哥大學的研究所，那裡素有名聲，爲了招收才華初綻的學生，願意曲解入學規定。而他顯然符合這種條件。黑髮小個子、留著大衛尼文式八字鬍，甚至在研究室也酷愛西裝領帶正式裝束的阿瑟林斯基，往後都津津樂道，他是憑一紙高中文憑直攻博士，中間沒拿過別的學位。

可是當他抵達芝加哥的時候，他發現生理學系裡唯一能指導學生的教授就是克雷曼，世界上第一個、也是唯一一個把整個職業生涯都奉獻給睡眠研究的人。克雷曼是來自俄國的移民，後來活到一百零四歲的高齡，他對工作投入到願意整個月都在肯塔基州某個洞窟裡的地下室生活，只爲了知道在缺乏環境線索來判定日常時間的狀況下，是否能把身體的自然循環轉變成二十一小時或者二十八小時一天。（他研究的結果是不可能；我們的身體有內建的時鐘，天生就設定成二十四或二十五小時的睡眠與清醒循環）隨後，他也在他自己的睡眠剝奪實驗裡充當白老鼠，一連一百八十小時沒睡覺，這個實驗讓他做出結論：剝奪睡眠可以當成有效的酷刑。

阿瑟林斯基熱愛生理學，但他對睡眠研究本來沒有特別興趣。他形容克雷曼是「一個有著灰髮、灰臉，還穿著灰色工作服的男人」；他發現這位老師通常藏身在緊閉的辦公室門後，每次他去敲門都顯得很不高興，此後他對自己的前程就更缺乏熱忱了。克雷曼可能也不認爲他會是很好的研究生助理，不過就如同阿瑟林斯基漠然的觀察，選擇研究生助理的主要條件就是「要挑個有心跳的人」。既然阿瑟林斯基在這方面確實合格，克雷曼立刻給他一個研究目標：觀察睡眠中的嬰兒，看看眨眼動作是漸漸停止、還是在入睡的瞬間驟然停止。

阿瑟林斯基花了好幾個月追求這個目標，卻毫無成果，他鼓起勇氣敲了他口中那一扇「令人害怕的門」，建議進行一個不同的研究計畫：研究睡眠者整夜的眼球活動。他曾經觀察到受試者在睡眠中，閉著的眼瞼底下有旺盛的眼球活動，他納悶著這些活動到底是偶發的，還是有某種模式與目的。讓他訝異的是，克雷曼同意這個變更，建議阿瑟林斯基把這個計畫當成博士論文的可能主題，還提及有一台舊的多參量心理測試儀（俗稱測謊器），存放在生理學大樓的地下室，他或許可以用來記錄受試者的眼球運動、腦波，以及其他的生理活動參數。阿瑟林斯基充分體認到自己面對極大的風險：如果這些實驗沒有產生任何值得作爲博士論文主題的新數據，他就會重蹈大學時代的覆轍：取得大量學分，卻沒得到任何學位；無論如何，他決定著手進行。

他後來表示：「根據我那套反智的『黃金堆肥』發現理論，一項研究如果在任何細節上都精確得可怕，同時又焦點明確，就幾乎一定會揭露某個前所未知的科學金礦。」「我眼前面對一個賭局。勝算在於：既然過去沒有人確實仔細檢視過成人在一整夜睡眠裡的眼部活動，我總是會有所發現。當然，那個發現的重要性，會決定我是否能贏得這一局。」

就像他爸爸曾經徵召他一起合作，阿瑟林斯基在他自己的賭局中，也徵求他兒子亞蒙的幫助。從二年級開始，這個小男孩開始把無數時間耗在實驗室裡，一開始是作爲一個受試者，後來是幫助他父親架設、調校給其他睡眠實驗受試者用的破爛記錄儀器。

「那個實驗室可怕得很，又舊又暗，還是石頭砌的牆，那個機器也是老骨董，所以老是壞掉。」現在已經是臨床心理學家的亞蒙如此回顧：「爲記錄程序做準備並不是舒服的事，我也不喜歡延續整夜的實驗，可是我知道爸爸需要幫助，而且他會跟我談起他的發現，又總是很認眞看待我說的話，這讓我受寵若驚。」

阿瑟林斯基從阿巴特館地下室搶救出來的廢棄測試儀，最後成爲同類儀器中的先驅。這種儀器透過貼在受試者頭上的電極，篩揀出眼球運動和腦波的訊號，然後藉由好幾枝筆把這些電流訊號轉換成一長條紙張上的墨跡。記錄一晚上的睡眠過程會耗掉半哩長的紙張。

這種記錄腦內電流訊號的技術，從二十世紀早期就已經問世，當時的一位德國神經心理學家伯格，就能夠記錄受試者閉上眼睛保持放鬆但清醒時的腦波活動。他觀察到這些腦波圖的型態，在睡眠開始時顯示出一致的變化；一九三〇年代在哈佛進行的後續研究，進一步區分出清醒和睡眠腦波的不同型態。然而，沒有人曾經像阿瑟林斯基一樣，嘗試記錄整夜的腦部和眼球活動，大半原因在於克雷曼和其他人誤信睡眠只是一種次要狀態，睡眠時腦部除了維持基本身體機能以外，沒做什麼重要的工作。

在阿瑟林斯基把亞蒙接上電極，觀察整夜的睡眠過程時，他震驚地發現記錄筆週期性地停止，畫下緩慢的波形——此時畫下的甚至不是睡眠早期階段的那種波形，而是開始瘋狂地勾勒出清醒時刻會出現的尖銳波浪起伏。這種發現牴觸了主流科學觀點——睡眠中的腦部基本上是停止運作的，而且保持在這種被動狀態——因此阿瑟林斯基起初假定測試儀只是故障了。在徵詢過機械專家（包括他使用這種機型的設計者）之後，他發展出一種分別記錄兩眼活動的方法，並且證實了他觀察到的不尋常模式確實無誤。

他在成人受試者身上重複這些實驗，不只發現他在亞蒙身上看到的同類劇烈起伏模式，還確認了這些波形在整晚當中，以鐘錶般的規律性出現四到五次，也跟睡眠者閉合眼瞼下明顯可見的快速動眼同時發生。把所有的證據放在一起看，阿瑟林斯基懷疑他看到的實際上是正在進行的夢。某次他叫醒一個在睡覺的男性受試者，因為這位受試者在一陣狂亂到幾乎讓筆從儀器上脫落的快速眼球活動之後，開始大叫出聲。此事更堅定了他的直覺判斷。隨著研究進行，證據堆積如山：如果受試者在快速動眼時被叫醒，他們幾乎總是能憶起鮮明的夢境。但如果他們在沒有快速動眼時醒來，就鮮少記得任何事。

在阿瑟林斯基第一次呈上他從這種怪異睡眠階段（他開始稱之爲快速動眼期，簡稱REM期）裡所得到的結果時，克雷曼相當懷疑。然而，這一大堆證據的一致性引起這位前輩的興趣，他逐漸地相信了，他指定另一個實驗室助理幫阿瑟林斯基製作REM紀錄。但在一九五三年的一場科學會議裡初次公開新資料之前，做研究向來以挑剔出名的克雷曼想親自觀察實驗程序，以他自己的女兒作爲受試對象。當她在睡眠中體驗到同樣規律形式的快速動眼時，克雷曼認爲此案已證據確鑿。一九五三年，REM實驗在備受敬重的《科學》期刊上發表了，克雷曼也給予阿瑟林斯基最終的肯定：克雷曼也名列爲共同作者，但排名在阿瑟林斯基後面。

人在睡眠中到底發生了什麼事？這個具備劃時代意義的研究，迫使科學家徹底重新思考他們所做的預設。跟他們原來想的不同，大腦完全不是整夜閒閒沒事幹，而是定期地活化到一種跟意識清醒差不多的強烈放電狀態。腦部在這些快速動眼期間到底在幹什麼，仍然是一個謎，但作夢毫無疑問是答案中重要的一部分。

一九六〇年代成了夢研究的黃金時期，此時來自許多學科的研究者都湧入這個新領域，交流意見——某些意見確實相當天馬行空——就像是爵士樂手的即興合奏，不過是發生在科學界。但在初期，快速動眼睡眠發現後所帶來的無數問題，幾乎是由迪蒙特個人一肩扛起尋求解答的重責大任；他在醫學院二年級的時候出席了克雷曼的一場演講，就此迷上了睡眠研究。

充滿熱情的迪蒙特在一九五二年到克雷曼辦公室敲那扇惡名昭彰的緊閉門扉，想問問看他可不可以在他研究室裡當助理；那時克雷曼從門裡往外覷，詢問迪蒙特對睡眠是否略知一二，這位年輕醫科學生老實地回答他一無所知。克雷曼只說了一句「讀我的書吧」，就用只比摔門稍遜一籌的力道關上大門。迪蒙特很快地讀了該讀的書，然後加入克雷曼的研究室，他在那裡幫助阿瑟林斯基完成REM睡眠記錄實驗，這個研究最後終於讓阿瑟林斯基拿到他等待已久的學位。

可是不久之後，迪蒙特就開始單打獨鬥了，因爲阿瑟林斯基一完成REM實驗後，就迫不及待地離開芝加哥大學。雖然阿瑟林斯基的發現起初確實讓一般大眾興奮了一陣，卻無法爲他帶來名利。他覺得帶著支票回去養家活口的壓力愈來愈迫切，就在一九五三年夏天接下找上門來的第一個職位，在西雅圖爲漁業局工作。他在那裡指導實驗，觀察是否能夠藉由導入水中的電流控制鮭魚的活動。雖然這跟睡眠研究相距甚遠，畢竟還是一個工作，阿瑟林斯基當時很高興能夠放下睡眠記錄實驗的種種累人需求。

在芝加哥的研究室裡主導睡眠研究，讓迪蒙特戰戰兢兢。他跟克雷曼或阿瑟林斯基不同，篤信佛洛伊德的理論：夢的詮釋就是理解心靈無意識活動的「捷徑」。迪蒙特在《睡眠守望者》一書中記錄他剛開始研究夢的早期生涯，他寫道：「佛洛伊德精神分析在一九五〇年代似乎滲透了社會的每個角落，而我是個充滿熱忱的學徒。」佛洛伊德的理論指出，如果沒有夢作爲出口以宣洩原欲的能量，精神病可能在清醒狀態下爆發；因此，迪蒙特在一間州立病院裡熱切地展開對精神分裂症患者的REM研究，看看他們的心理疾病是不是因爲無法作夢而產生。這個理論沒有得到證實；腦波圖結果顯示，他們都有正常的REM週期，也都報告曾經作夢。

然而迪蒙特沒有氣餒；他還有許多其他的理論與懸而未決的問題可以研究。在他最後幾年的醫學院生涯裡，他每星期花兩個晚上在克雷曼的研究室裡做睡眠研究，以便更精確地定義出REM和其他睡眠階段的特徵。這些不眠之夜，再加上身爲醫科學生的其他課業要求，讓他經常在第二天上課時在教室後排睡著（這個問題曾經讓他被迫去系主任辦公室報到），然而最終結果讓他的種種困擾值回票價。

他和克雷曼在一九五七年發表的論文裡，描述了REM和其他睡眠階段的特徵，這篇論文在未來數十年裡，爲大多數醫學教科書中關於睡眠和夢的資訊奠定了基礎；而且迪蒙特對夢研究的熱情充滿了感染力，這也幫助推動了美國和歐洲其他研究室的同類研究。

迪蒙特小心翼翼地記錄整夜的腦波圖，然後發現健康的成人會經歷一連串可預測的睡眠階段，這些階段隨後區分成五個標準睡眠期。在放鬆的前睡眠期，我們開始濾掉噪音和其他外在影響，我們的大腦產生節奏規律的阿爾法波（α），這是大腦在打坐冥想時產生的同一種波形，這種平靜狀態裡缺乏有意圖的思緒。然後我們進入睡眠階段一，也稱爲睡眠初期，此時我們可能會經歷到所謂的入睡幻覺：短暫、像夢一般的視覺幻象，其來源通常是白天的經驗。緊接而來的是階段二，這段淺眠期長度在十到三十分鐘之間，等到腦部活動調低到大而緩慢的德塔波（δ）時，顯示進入了第三或第四階段的深層睡眠，稱爲慢波睡眠。晚上我們可能在任何睡眠階段說夢話，但夢遊通常都是發生在慢波睡眠時，這是最深沉的睡眠階段。

經過十五到三十分鐘的深層睡眠後，我們回到前兩個階段，並且進入第一個REM期，此時我們的腦波轉變成一種短促、迅速的型態，很類似清醒的腦部活動。當我們處於REM狀態時肌肉是完全放鬆的，雖然眼睛在轉動、手或腳可能偶爾抽搐，我們基本上處於癱瘓狀態，所以身體無法照著夢境做動作。雖然如此，我們在生理上來說是極爲活躍的：呼吸變得不規律，心跳率增加，不分男女生殖器官都會充血。從清醒狀態進入REM狀態通常需要五十五到七十分鐘，隨後每隔大約九十分鐘會出現一段REM狀態。夜晚前半段由慢波睡眠主導，REM期可能會短到只有十分鐘，但隨著時間流逝，非REM睡眠會變得少些，REM期則會變得比較長，到早晨將至前可能從二十分鐘延長到將近一小時。一般認爲，成人在夜晚的睡眠中有將近四分之一是處於REM狀態，另外四分之一屬於深層睡眠，剩下一半則是第二階段的淺眠。

或許最重要的是，在迪蒙特、克雷曼和阿瑟林斯基的早期REM實驗裡顯示，受試者從

REM狀態中醒來時，更有可能記住夢境：從REM狀態醒來的人有百分之七十四回報作了夢，在非REM狀態下作夢比率卻低於百分之十。這些初步結果讓迪蒙特和其他研究者做出結論：作夢完全發生在REM睡眠時，而他們在非REM睡眠中得到的極少數夢境報告則可以排除掉，視爲從稍早REM期裡回想起來的夢境片段。

這個被大多數人採納的預設——REM睡眠等於作夢——爲夢研究這個新領域注入生命，而且迪蒙特還很有效地宣傳這項福音：有史以來第一次，我們有可能在夢境進行時實際而精確地觀察它。迪蒙特在同時拿到醫學學位和生理學博士以後，在一九五七年離開芝加哥到紐約市去，他在那裡進行夜間的夢研究，同時在西奈山醫院完成他的實習及住院醫師訓練。爲了進行他的夢研究，同時又不必夜復一夜遠離妻子，他把自家公寓的一部分改裝成睡眠實驗室，還刊登廣告招募受試者。一位無線電城「火箭女郎」舞團成員湊巧看到這則廣告，她向舞團裡的其他人說起這件事：只要在迪蒙特的研究室睡覺就可以賺錢——這個點子對於許多年輕女子來說都很有吸引力。雖然這個研究完全是光明正大的，隨之而來的日常工作卻讓迪蒙特在他那棟公寓大樓裡招來不少好奇眼光，因爲固定有一群女人直接從歌台舞榭來到這個實驗室，做她們的夜間工作。

迪蒙特回憶：「總會有個還化著舞台妝的可人兒抵達這棟公寓大樓，然後問門房我房間在哪裡。到了早上她會再度出現，有時候會跟我的某位男性同僚一起走出來，他整夜都在監控腦波儀，沒刮鬍子又累得要死。有一天，門房終於再也受不了了。他質問：『迪蒙特博士，你的公寓裡到底在搞什麼啊？』我只是笑一笑。」

在他的公寓裡、還有愈來愈多其他實驗室裡所發生的事情，就是他們興奮地侵入了一個還沒有地圖的新領域，此時迪蒙特和其他人利用各種充滿創意的實驗，試圖理解夢是如何創造出來的，還有夢是怎麼跟我們的白晝生活連結起來的。因爲蘇聯藉由發射衛星「史普尼克」，在太空研究方面打敗了美國，在一九六〇年代初期，政府對於各種基礎科學研究的資助突然間變得非常大方，夢研究正是其中一個受益對象。光是一九六四年，國家心理衛生研究院就資助超過六十個對睡眠或夢的研究。從紐約到波士頓、從華盛頓到辛辛那提，還有維吉尼亞州、德州與奧瑞岡州的校園，各地研究者都被吸引到這個熱門的新領域裡；在此已知的事實甚少，所以不管他們選擇什麼題材來研究，都很可能有新的收穫。

這個領域裡有無數刁鑽的問題有待解答，研究者可以發明無限多種創新的方法來取得結果。夢的內容能夠被操縱嗎？迪蒙特是第一個嘗試這麼做的人，他在受試者處於REM睡眠時敲響鐘聲，但在兩百零四次測試中，只有二十個夢的情節實際上包含了鐘聲。研究者對受試者灑水、還有（這是比較晚近的做法）用血壓計擠壓REM期受試者的手臂，這些方法取得了有限的成功，然而大多數作夢的人還是無視於這些操縱。在這些狀況下，眞實世界的刺激如果確實穿透了我們的感官障蔽，就會迅速而巧妙地整合到夢正在進行的情節裡。舉例來說，一個睡覺時被人噴了水的受試者，可能會報告他的夢境背景裡出現了一陣驟雨，不過夢本身的情節並沒有戲劇性的變化。

睡眠前的經驗——像是在睡前給受試者吃香蕉奶油派或披薩，卻不給他水喝，以便觀察他們是否會一直夢到口渴；或者讓他們看暴力或情色影片——這些經驗對夢境的內容也都沒有顯著影響。作夢的腦看來是極有獨立精神的導演，在他們的夜間內在劇場演出裡，仰仗某些還未解碼的判準來挑選角色、布景和情節。

其他實驗者證實，甚至連那些聲稱沒作夢的人，實際上也在夜間編織夢境場景。如果在REM還在進行時叫醒受試者，他們會記得他們的夢，但如果他們在REM階段結束之後幾分鐘才被叫醒，關於夢的記憶通常會消失。然而有另一個研究，探詢在夜間不同時刻做的夢是否也會有差異，結果發現夜晚初期的夢圍繞著作夢者現在的生活事件打轉，然而夜愈深，夢中就會包含愈多來自過去的事件和人物。

REM睡眠的痙攣眼部動作，是否指出睡眠者隨著夢中的行動而動眼，就像他們的目光會跟著電影銀幕上的影像跑？迪蒙特在早期做的實驗指出事實如此，但隨後由其他研究者做的研究卻發現，眼睛的活動實際上並不是直接呼應夢的內容。

早期研究者心目中最重要的目標之一，就是了解夢中的視覺影像是如何製造出來的，因爲作夢時最強烈的感官知覺，無疑就是視覺。從一八九〇年代開始，對夢境內容的研究持續地顯示出，幾乎每個夢都包含視覺影像，同時卻只有稍稍超過一半的夢有某些聽覺元素。在其他感覺中，觸感或動態感覺只出現在低於百分之十五的夢裡，味覺或嗅覺則鮮少出現。

對於夢中視覺影像來源的測試，有一個廣爲人知的實驗，就是在所有研究的發源地芝加哥大學進行的。睡眠研究先驅克雷曼退休後，心理學家赫特夏芬在成立他自己的臨時夢境實驗室（位於阿巴特館附近轉角的一棟老舊灰色石砌建築物裡）之前，先使用了克雷曼的實驗室。他從他辦公室的一台腦波儀裡拉出纜線，接到在摺疊床上睡覺的受試者身上；每天晚上，等到走廊上其他辦公室的使用者都回家過夜後，空辦公室裡才會架起這些摺疊床。赫特夏芬創造出一種活潑的氣氛，鼓勵他旗下的年輕研究人員從事嚴謹但有創意的科學思考。他廣泛的好奇心，以及他對最高科學標準的責任感，讓他成爲這個領域中備受尊敬的人物。面對規模宏大的研究計畫或科學論文時，大家都公認他是一個很難纏的審查人員，所以贏得他的認同變得格外寶貴。早年在他的研究室裡，年輕研究人員常常會在午後想出關於夢的新假說，然後當晚就在家庭主婦和學生身上測試；這些人拿酬勞來這裡睡覺、接受記錄並且定時被喚醒——這種過程對某些人來說比較容易，對其他人則不然。

赫特夏芬回憶：「有一次，某個受試者在我們把他接上腦波儀的時候怨東怨西：他不喜歡環境、不喜歡電極、也不喜歡丙酮的味道。」在那個問題不斷的學生最後接好腦波儀躺到床上時，赫特夏芬和他的助理回到辦公室去監看腦波記錄。助理不懷好意地揣測，在那位受試者給他們造成那麼多麻煩以後，或許還沒辦法入睡。赫特夏芬沒察覺到通往臥房的麥克風是打開的，床上的那個年輕人聽得到他們說的每句話，所以他這麼回答助理：「如果他不在兩分鐘內睡著，我就把他電死好了。」那個不停抱怨的傢伙，用快得驚人的速度進入第一睡眠階段。

赫特夏芬發展出一個嶄新的方式，用來測試從視網膜（這裡是外界視覺資訊進入清醒大腦的閘門）傳入的訊號是否扮演了某種角色，有助於創造出夢中的影像。讓人訝異的是，他成功地讓受試者在眼皮被膠帶貼成半張開的狀況下入睡。一旦睡覺的人進入REM狀態，赫特夏芬會帶著一支小手電筒潛入臥房，照亮像是梳子、書本或咖啡壺之類的東西，他會把這些東西拿到入睡者半張的眼前。然後他會離開房間，他的同事富克斯會透過麥克風叫醒受試者，並且詢問他們夢見了什麼。沒有一個受試者回報的夢境內容包含在他們眼前搖晃的東西。顯然夢中景象是在腦內產生的，雖然目前還不清楚大腦到底怎麼做到的。

追加的實驗指出，除了背景細節的清楚程度降低、色彩飽和度也稍微減退，我們在夢中見到的視覺影像品質幾乎跟清醒時所見到的差不多。多數夢境也有清楚的色彩經驗，雖然出於某些未知的原因，有百分之二十到三十之間的夢是黑白的。雖然早在亞里斯多德所報告的夢裡，就有提到顏色，在一九三〇到六〇年代，做研究的心理學家和一般大眾的主流意見都認爲夢是黑白的。這想來並非巧合：這段時間的照片和電影，大都是黑白的。雖然彩色攝影在一八六〇年代就已經發明了，卻直到一九四〇年才開始方便一般大眾消費。同樣地，雖然「綠野仙蹤」等影片使彩色電影在一九三〇年代晚期有了轟轟烈烈的開始，但全彩電影在一九五〇年代以前並未普及。

在這段期間，心理學家詢問他們的受試者夢中是否有色彩，大部分人都說不；一九四二年針對大學生所做的一個調查發現，百分之十的人聲稱經常做彩色的夢，一九五八年在華盛頓聖路易大學做的另一調查裡則只有百分之九的人表示做了彩色的夢。但一九六二年的一個研究實際上叫醒處於REM期的睡眠者，直接問他們正在進行的夢是否出現顏色，百分之八十三的人回報他們的夢有顏色。「黑白兩色媒體的興盛，和夢只有黑白兩色的看法之所以流行絕非巧合，」加州柏克萊大學教授史威茲蓋柏這麼說。他研究這個怪異的趨勢，然後做出結論：並不是夢的內容在這段時間裡有所改變，而是大眾對夢中影像的認知（更確切的說法，是「錯誤認知」）有所改變。簡言之，這個例子再度顯示暗示的力量有多大——甚至可以讓犯罪調查中的證人說詞變得靠不住。

有許多調查者把重點放在解開作夢本身的祕密，此外還有其他人檢視夢發生時的基礎狀態，試圖了解爲什麼我們需要睡眠。除了努力發展我們現在用來區分不同睡眠階段的標準以外，赫特夏芬和他的學生還研究動物被剝奪睡眠的時候會怎麼樣。他們做了剝奪老鼠睡眠的實驗，並且發現那些完全不能睡覺的老鼠在兩到三周內死去。睡眠被剝奪的老鼠變得極端虛弱，而且很難調節體溫，但致死原因難以定於一端。

比較溫和些的實驗顯示，被剝奪REM睡眠的受試者會在下次睡覺時自動補償，他們會更快進入REM睡眠、保持更久的REM狀態。同樣的反彈作用也出現在更深沉的慢波睡眠裡，所以很明顯這兩種型態是最根本的。實際上，自然界本身就提供了證據，指出全然的睡眠剝奪可能到最後導致人類的死亡。有一種罕見基因疾病稱爲致死性家族失眠症（簡稱FFI），在一九八六年首度被確定是某個義大利貴族家庭中三十名成員的致死原因。從那時開始，這種失調症在世界各地另外三十個家族中被發現。苦於這種基因異常問題的人，通常會在中年時失去睡眠的能力，不過也有一些人在十幾歲時發病。在幾個星期不能入睡之後，FFI患者的脈搏與血壓都升高了，而且流很多汗。他們隨後會難以保持動作平衡、無法行動，也有可能失去說話能力，在最後階段（通常已經幾個月沒睡了）他們會陷入一種近似於昏迷的狀態，然後死亡。這種疾病嚴重地損害腦中稱爲丘腦的部位，這裡是通往腦皮質層的出入口。還需要更進一步的研究，才能確定直接致死的原因到底是失眠還是丘腦受損。

如同克雷曼在地下洞穴透過他的睡眠研究所確立的事實，我們的生物時鐘（其特定位置已被確定，是一組在腦部與視神經交叉處的細胞）決定了體溫升降、荷爾蒙分泌、什麼時候開始想睡覺的身體節奏，想睡覺的時刻不只是發生在一日將盡時，通常也出現在下午兩點到四點之間。就算沒有環境刺激源（像是日出日落）來觸發清醒與睡著的循環，內在時鐘通常還是以「大約每二十四小時」的節奏重複，這個時鐘似乎確實會在人生的不同階段裡有某些調整。在青春期，睡眠的需要不只從每晚八小時提升到十小時或更高，想睡覺的感覺也會設定在比一般晚的時刻，所以導致早上睡晚一點的欲望；因此青少年突然間有辦法一路睡到中午。而在人生中較後期的階段，睡眠變得零碎片段，甚至健康的老年人一般都會在夜間醒來個幾秒鐘，雖然他們不見得記得曾經如此，因爲這種醒來的片刻通常短得可以，只有透過腦波儀記錄才偵測得到。中斷的睡眠會導致晨間昏昏欲睡之感增加，所以才會有老爺爺話說到一半就打起瞌睡那種經典場面。

另一個在夢研究早期已經解答的重要問題，就是REM睡眠是不是只屬於人類的現象。迪蒙特對於貓的睡眠週期做了一些初步的研究；從一九三〇年代起，貓就是腦部研究偏愛的實驗品。不只是因爲貓的腦部結構跟人腦類似，牠們的體積和花費都讓牠們成爲方便的研究用動物。法國神經生物學家朱費在一九六〇年證實，貓睡覺時的腦波圖模式跟人類的REM模式類似，自此之後其他研究者就開始探究這種現象在動物界到底有多普遍。隨後的研究顯示，爬蟲類沒有REM睡眠，但哺乳動物有，曾經被研究過的少數幾種鳥類也有。REM睡眠長度各有不同，可能很短，像是牛一天只有四十分鐘，也可能很長，負鼠就是一天七小時。獵食性食肉動物一天中有極大比例耗在各種階段的睡眠裡，而不必獵捕食物的家貓一天可能花多達兩百分鐘在REM睡眠中。對於這些差異是否重要，研究者之間還未達成共識。

在人類身上，REM睡眠始於子宮之中，跟著我們年齡增長而有所改變。早在胚胎二十六周大的時候，就可以偵測到REM，而且這種睡眠似乎一天二十四小時都在持續。在新生兒身上，REM睡眠占了全部睡眠的一半，長度會持續遞減，一直到小孩四歲的時候才穩定下來，跟正常成人一樣占全部睡眠時間的百分之二十到二十五。當人屆中年的時候，REM時間會開始減少，在我們的餘生中會跌到全部睡眠時間的百分之十五以下。

REM的用途是什麼，對於那些科學先鋒來說是個謎，但是朱費的團隊在里昂所做的一個新奇實驗，提供了初步的線索。朱費透過手術把貓腦中的某部分切斷，該部位通常會在REM期癱瘓貓的肌肉；他發現，那些貓雖然睡得很熟，卻會爬起來，顯然是在REM狀態下跟蹤想像中的獵物、或者攻擊看不見的敵人。朱費發現，追獵行爲有時可以持續長達三分鐘，此時貓一直處於睡眠狀態。根據這個結果，他提出理論：成熟動物的REM睡眠階段，給牠們一個機會在心中演練必要的求生技巧，所以必要的神經迴路可以保持在顛峰狀態，雖說那種求生技巧（比方說對抗敵人）實際上在清醒時不會天天用到。如果貓被剝奪REM睡眠超過三周以上，牠們會從清醒狀態直接進入REM睡眠，並且百分之六十的時間都會停留在那個階段。被剝奪REM睡眠長達三十到七十天的貓，清醒時的行爲也會出現改變：變得異常飢餓、躁動又性欲超強。

朱費的工作成果讓美國的研究者大爲振奮，所以在一九六二年，赫特夏芬邀來這位法國科學家，爲他和迪蒙特成立的專業協會第二屆大會演講；這個協會是在一九六〇年，因應成長迅速的夢與睡眠跨學科專門研究而成立的。一年後，這一組人馬在紐約開會；在那個會議中，某個長期從這個領域中缺席的人物，從人群中漫步而過。沒有多少人注意到他，直到有個年輕的研究人員湊巧看到他的名牌，恍然大悟自己遇到了發現REM的人。那個年輕人衝口說道：「你是尤金．阿瑟林斯基啊？我還以爲你已經死啦！」多數科學家都認爲，阿瑟林斯基脫離這個圈子就只是因爲他失去興趣了，但實情是他的職業生涯被家庭悲劇給打亂了。他的妻子在生完第二個孩子之後精神崩潰，當時阿瑟林斯基還在芝加哥指導REM實驗；他的妻子幾度被送進醫院，最後選擇自殺。令人悲傷的是，他從一個不怎麼樣的大學教師工作退休之後，雖然計畫要東山再起，卻在一九九八年死於車禍。

不過，隨著研究者在類似赫特夏芬和迪蒙特所組織的會議之中交換意見，阿瑟林斯基所開創的領域也繼續大幅成長。富克斯回憶：「在會議之中，每個人都試圖跟上每個新發展，也不管這項發展看來跟他們自己工作上的興趣有多不相關。……這個團體雖然在興趣上的分歧逐漸增加，卻都開開心心地一起工作、一起玩樂。」

爲了跟上這種充滿好奇心、什麼都願意嘗試的精神，夢的研究者都會迅速奔向有大事發生的地方。在一九六〇年代早期，那樣的地方就是法國里昂，朱費在當地用睡覺的貓做他的新穎實驗。在進行朝聖之旅的眾人之中，有個從哈佛醫學院畢業、野心勃勃的年輕精神科醫師。此人聰明絕頂又固執己見，有時魅力迷人、有時又粗暴無禮，他即將改變睡眠研究的面目。

第二章　反對佛洛伊德

那些在靜夜裡闖入的夢，
還有我們心靈用以欺瞞的虛幻飛逝形體，
絕非邱比特從天上送來的，
也不是從陰曹地府爬上來的；
一切都只是大腦的產物，
傻子徵詢釋夢者只是徒勞。

——史威夫特，〈論夢〉

霍布森清楚地記得那個星光燦爛的夏夜，在緬因州的一處湖岸邊，他青少年時代的好友們驚嘆著宇宙的廣闊無涯，還有其他銀河系裡可能藏有的無數祕密。他回憶道：「就在我們雙眼的後方，還有那麼多無人了解之處，但我們卻把所有的驚異之情全然集中在宇宙之上，這樣似乎滿蠢的。……讓我好奇的是：我們的心靈怎麼有能力一邊建構宇宙的圖像，一邊又對這圖像充滿浪漫的感觸。」此時霍布森在某個專屬於閱讀困難症學生的夏令營裡當指導員，那個夏令營是由他的導師，教育心理學家夏普所主辦的。夏普給這位來自康乃迪克州哈特福的年輕人一個建議，後來變成他職業生涯中的基本主題：要了解心靈和其中的所有謎題，你就必須研究腦。

當他在一九五五年到哈佛研究精神病學和神經科學時，霍布森是死忠佛洛伊德派，焚膏繼晷於《夢的解析》和佛洛伊德寫過的所有東西。甚至連他在英文系的學士論文，都是以佛洛伊德和杜斯妥也夫斯基爲主題。但幾年後霍布森開始做住院醫師的時候，他開始對佛洛伊德存疑，對精神病學整個感到幻滅，因爲兩者在他所學的腦部運作基礎上立論都不扎實。

「在我們的住院醫師訓練裡，所受到的待遇就是把我們當成精神分析病人——就好像我們所問的任何問題，都是受到某種心理衝突影響的結果。那對病患來說是折磨，對我們來說也是。」在溫暖的秋日午後，霍布森在自宅陽光普照的書房裡解釋道。他的居所是宜人的維多利亞式住宅，距離他在麻州心理衛生中心的研究室只有一小段車程。爲了舉證，他重述某堂第一年住院醫師研討課上發生的事。伊渥特當時是哈佛精神病學系的主任，他察覺到霍布森似乎相信，神經科學實際上可以解釋意識是怎麼由腦部創造出來——對於這種前景，伊渥特能給予的最佳評價就只有「可疑」。霍布森回答他不只是相信，而且他「知道」就是這樣，伊渥特就給他一個精神分析式的反應：「你對我講話的方式，就好像把我當成你爸了。」這位年輕住院醫師則給他一個經典的霍布森式回應：「不，我爸爸才不會講那種蠢話。」

霍布森在住院醫師實習的第一年，就離開哈佛去國家衛生研究院（簡稱ＮＩＨ）做一份短期工作，在那裡他被睡眠研究所吸引，因爲那時他認識了一位較資深的科學家兼早期的夢研究者斯耐德，他晚上在神經病學研究室裡做REM記錄。斯耐德告訴霍布森，他實際上可以分辨出誰在作夢，不願輕信的霍布森就反駁，他非得眼見爲憑。「但當我看到一個在睡覺的受試者腦波改變時，我一夜之間就上鉤了。」霍布森回憶道。

他在一九六三年獲得一年份的獎學金，可以去里昂跟朱費做研究，爲此他興奮不已；朱費在貓睡眠週期方面的研究，似乎正是他夢寐以求的那種艱深科學探索。朱費把REM說成是一種似是而非的睡眠，作夢則是「腦部的第三種狀態，跟睡眠之間的差異之大，不下於睡眠與清醒狀態的差異」。

霍布森特別感興趣的是，朱費在某些實驗中把貓的前腦移除，可是這些貓還是有REM睡眠。朱費的研究指出，REM睡眠本身是被一塊稱爲腦橋的球狀區域所觸發的，腦橋位於腦幹的底部；霍布森相信，用微電極（一種微型裝置，可以偵測到單獨腦細胞放電）來探測貓的腦幹，就能揭露這到底是怎麼發生的。霍布森說，朱費不覺得他的計畫有什麼可取之處，所以他決定在那一年結束之前回哈佛。他得到允許，在完成精神病學住院實習的同時，可以利用部分時間在附近的麻州心理衛生中心做動物實驗，一九六八年，他在那裡建立了他的神經生理學實驗室。

他有一位精神病學住院醫師同僚，叫做肯戴爾，他後來以研究證實神經化學物質血清胺扮演了學習的關鍵角色，因此獲得諾貝爾獎。肯戴爾是用蝸牛完成實驗的，他建議霍布森，用盡可能簡單的動物開始他對REM睡眠的機能研究。可是在哺乳類以外的動物身上難以測得REM，所以霍布森最後決定還是用貓。他跟麥卡利合作，他是一位住院醫師，著迷於神經生物學，但是在電腦程式和量化分析方面也很有才華。

霍布森形容自己有一雙工匠的巧手，他自己做了可以在腦幹中運作的微電極，過去從來沒有人在活體動物身上探測過腦幹。這兩個人結合了他們各自的長處，發現有一種方法可以在貓的腦幹中插入微電極，鎖定是哪個神經細胞在放電，並在隨後把這些電流訊號傳過一個視聽系統，好讓他們同時看見、聽見貓經歷正常睡眠循環時的細胞放電。「麥卡利跟我會輪班，一個人鎮守崗位，讓另一個人衝回家一陣，不過我們通常一起熬上整夜，記錄來自腦幹的劇烈活動。我們很瘋狂、我們的研究走偏鋒；但我們都知道，沒人看好我們的發現就要破空而出了。」霍布森說。

休伯爾也是認為霍布森將走進死胡同的其中一位。休伯爾是哈佛的一位神經科學家，他也利用微電極記錄來研究貓的視覺皮質，試圖更了解大腦如何「看見」。休伯爾和他的合作者威索因為前述研究在一九八一年贏得諾貝爾獎，他們的研究解釋，視覺影像是透過視網膜和視覺皮質之間的溝通而形成的。「休伯爾原來是在睡眠的領域裡工作，但他轉向研究視覺，因為他就代表了那種多數觀點：神經活動在睡眠中會停止，」霍布森說：「他確信，我們把微電極插進腦幹以後，除了一片靜默啥也聽不到；當然啦，事實正好相反。」

霍布森跟麥卡利最後終於發現、並且在一九七七年發表的成果，是一份對夢的神經生理學解釋，極富爭議性，有效地攻擊了佛洛伊德理論，以及當時大半解釋夢境內容的精神科學理論基礎。基於他們所觀察到的腦細胞放電模式，霍布森和麥卡利做出結論：REM睡眠發生的時候，腦幹神經元其實打開了一個開關，完全改變了腦內神經調節物質的平衡；神經調節物質是關鍵性的腦內化學物質，作用是充當神經元之間的信使，讓接收到它的神經元裡產生變化，激發或者鎮定整塊腦區。

當我們清醒的時候，我們的腦是泡在兩種主要神經調節物質裡，我們必須藉此保持警覺清醒：它們是正腎上腺素（幫助引導並集中注意力的物質）和血清胺。雖然現在血清胺最出名的功用是調節情緒（百憂解跟同類抗憂鬱劑的作用，就是增加腦中循環的血清胺量），它在判斷、學習與記憶方面也扮演要角。我們一旦入睡，腦部整體活動程度下降，這兩種腦內化學物質就停止循環，被另一種稱爲乙醯膽鹼的神經調節物質所取代，它會激發腦部的視覺、運動及情緒中樞，並且發送信號觸發快速動眼及夢中的影像。

充分吸收了乙醯膽鹼的腦，運作時所依循的規則跟清醒時完全不同：運動神經衝動被阻擋下來，所以實際上我們是癱瘓了——不管多努力嘗試，我們在夢中無法讓車子加速衝下山坡、或者踩下煞車。進入的感官資訊也被關上了，所以腦部繼續詮釋它從內部產生的影像與感覺，把這些影像感覺當成眞的。霍布森說，在這種異常狀態下，腦部竭盡所能編織出一個能夠符合腦幹信號的夢境情節；那些信號可能雜亂無章，在這一分鐘刺激出強烈的恐懼感，下一分鐘又激發出自由下墜的感覺。霍布森和麥卡利在他們的劃時代研究裡，提出這個主張：既然引發夢中影像的信號來自原始的腦幹，而且發展程度較高的前腦認知區只是被動地對那些信號做反應，作夢的過程「沒有原初的構思、意欲或情緒內容」。最後出現的夢是前腦的產物：前腦「盡最大努力做一項蹩腳的工作——製造出有部分融貫性的夢中影像」，以便回應來自前腦的雜亂訊號。

他們論證，我們藉以確認自己在作夢的判斷力、以及確切記得自己夢境內容的能力是有限的，

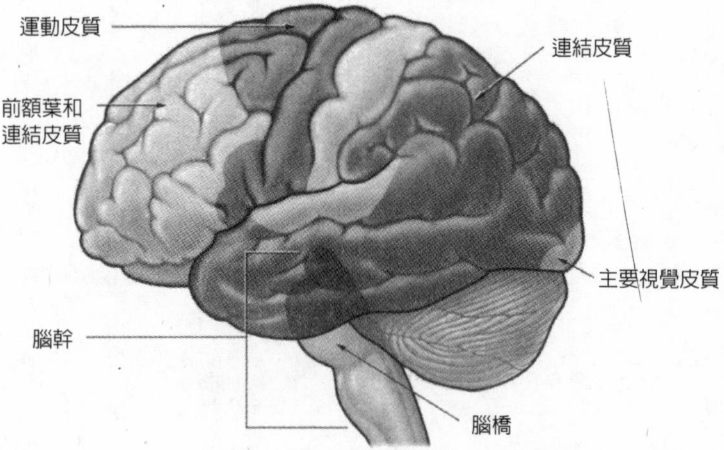

圖二・一　腦幹的腦橋區牽涉到觸發最常發生鮮明夢境的睡眠階段。前額葉皮質是產生邏輯思考的地方；主要視覺皮質是接收站，接收清醒時刻來自視網膜的訊息；運動皮質則把意圖轉變成實際的行動，像是跑步或丟球。不管我們是睡是醒，連結皮質都會把來自感官和記憶的訊息拼湊起來，創造出我們所見的視覺影像。

因爲執行這些功能所需要的兩種神經調節物質，在我們清醒之前都相當短缺。我們之所以會忘記大多數的夢，就只是因爲我們缺乏銘記這些事情所需的神經化學物質，而不是因爲我們心中有某種佛洛伊德式的檢查機制，拚命努力抑制禁忌性的夢境內容。

就像退潮，乙醯膽鹼逐漸減退，REM期隨之結束，大約九十分鐘後才會捲土重來。霍布森和麥卡利說，就是這種由前腦帶領的持續化學之舞造就

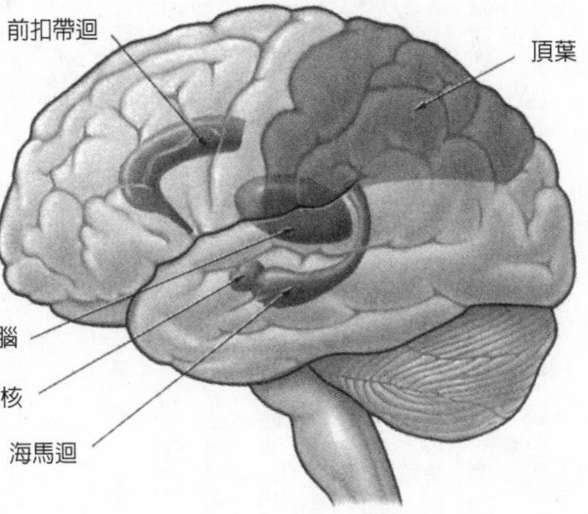

圖二·二 上面是扮演造夢要角的腦部結構或區域。丘腦是感官訊息的出入口，並且幫助引導我們的注意力；杏仁核處於我們的情緒系統核心，指引「打或逃」的反應；海馬迴則是組織記憶所必需的。頂葉專門做空間定位，並構成心像，同時有些證據顯示我們的自覺意識可能源於前扣帶迴。

出夢境。霍布森堅持夢中沒有什麼隱藏訊息，作夢的過程本身則是由電化學過程所激發的自動反應，沒有思想內容，就像心跳或肺的呼吸。藉此，他把佛洛伊德理論的精髓給挖掉了。至於佛洛伊德的早年門徒榮格，霍布森把他的「集體潛意識」、「原型象徵」斥爲一種宗教（他很受不了宗教），但他同意榮格的看法，作夢是腦中的一個創造性過程，而且最後產生的任何意義都是全然透明的。

霍布森並非主張夢全無意義；實際上，他自己就認爲作夢只是意識的另一種形式，並且在一九七三年開始的個人日記中，記下意義非凡的夢，還有他清醒經驗中的重要部分，現在總共已有一百二十本了。但他堅持，一個夢的每個特色都可能追溯到作爲夢境基礎的腦部REM期生理狀態：「夢之所以怪異，是因爲腦停止分泌我們清醒時具備的化學引導系統，結果就讓妳想不出辦法從一個紙袋裡掙脫出來，你產生幻覺，妳做出所有的錯誤判斷，情緒如脫韁野馬——焦慮、趾高氣昂、憤怒等等情緒成爲主宰——而你卻記不得大部分內容。」

他認爲，大腦在編織情節以便倉促回應亂七八糟的電化學狀態時，從我們個人記憶或想像中挖掘出來的布景和人物，有可能反映出我們在情緒上偏重的事情，而反省這些放在心上的事能夠給我們一些啓發。但既然情節呼應情緒，我們很容易就可以推斷出意義，不必去破解什麼夢中的象徵、尋找禁忌的願望或受壓抑的記憶。

霍布森有來自生理學上的證據，指出佛洛伊德理論是以過時的生物學爲基礎，他喜歡以此爲武器，給佛洛伊德迎頭痛擊——尤其是在擠滿精神病治療師的專業會議上發表演講的場合，他曾跟某些治療師在講台上辯論。「我們擺脫了所有的反擊，幾乎是一副幸災樂禍的樣子，因此我們樹立了許多終生的敵人。」霍布森現在說，他體認到他「在應該點燈照明的地方反而放了把火」。

雖然如此，他並不後悔自己爲了促進大眾理解，努力把他的夢研究重新包裝成一個藝術性科學展覽；在他出版開先河的研究當年，這個展覽在波士頓揭幕。該展覽命名爲「夢的階段：大腦睡眠時的多媒體肖像」，最主要吸引人的展覽項目是一位自願參展者：透過一個單面鏡可以看到他在睡覺，同時他的大腦還連接到一個監控腦波、眼部運動和肌肉緊張狀態的腦波儀上。如果在睡眠研究室裡，這些電子信號會被刻畫在無數白紙上的墨跡，但在此每個腦波變化、眼部運動和肌肉抽搐，都被轉換成在四壁上蕩漾的雷射光波；腦波是綠色的，眼部運動則閃著藍光。信號也以聲音的形式表現，成爲從電子合成器裡傳出的變換樂音，這是大腦版的小夜曲。爲了強調進入臥室環境的感覺，在進入光線幽暗又鋪了地毯的展示間之前，參觀者被要求必須脫下鞋子。霍布森說：「只有某些精神科醫師抗議進房間前要脫鞋的要求。他們指控我有戀足癖。」

群眾大批前來參觀，這個展覽還上了《紐約時報周日雜誌》的封面。這個展覽很受歡迎，所以導致次年出現巡迴版的「夢境階段」展覽，從舊金山開始橫跨美國的六個城市。霍布森很仰慕義大利名導費里尼電影中的夢幻特質，而「夢境階段」的展覽概念也深深吸引了這位導演，他告訴霍布森，如果這個展覽能到羅馬展出，他很樂意且自願在單面鏡後面睡覺。然而霍布森的科學界同僚們反應卻沒那麼熱情，他們抱怨這種過度誇張的表演不是眞正的科學，只是自大狂式的譁眾取寵，企圖宣傳他的理論，並且推展他的事業。

「確實，你會變得出名，而且每個人都說你是自戀狂；但如果你用這種方式讓人吸收科學，而不只是講給他們聽，你的論證會變得更普及，也能得到他人的理解。」霍布森這麼說：「這是我人生中的高峰，因爲我總是想加入馬戲團；『夢境階段』就是我的馬戲團。」

當「夢的階段」結束時，霍布森把展覽中的某些裝備回收再利用，在麻州心理衛生中心的神經生理學部門設置了一個睡眠實驗室；展覽中某位自願者睡眠時的一連串照片，仍然裝飾著他那個小組辦公室的入口。但是霍布森也希望在更自然的環境下研究夢，所以他的工匠天分再度派上用場，發展出一種叫做「睡帽」的裝置，可以透過它收集在家睡覺受試者的作夢報告。睡帽只是一個裝了感應器的大頭巾，感應器記錄眼睛和頭部的動作，以便偵測REM睡眠的起迄，並且把資訊傳送到口袋大小的紀錄器裡。招募睡眠研究受試者立刻就變得容易得多、也便宜得多。你只要在自己舒適的床鋪上，把睡帽用海盜樣式綁到頭上，把有自黏背膠的動眼偵測器貼到一隻眼皮上，你就算是已經做好準備，可以回報作夢時的資料，而不必在睡眠實驗室裡疲憊地蜷縮一晚。這個設備也能預先設定，在感應器指出受試者進入REM期時自動喚醒他，讓他回報夢境。

雖然霍布森早先所有的研究都是針對動物的，收集夢境報告對他來說卻變成最優先的事。他確信他和麥卡利已經弄清楚是什麼觸發了夢境，接著他想找出讓夢境很有特色的那些形式特徵：人所經驗到的那些心靈活動，其中的主要情緒和型態是什麼？這些情緒與活動如何呼應腦部在REM期的身體狀態？這些心理活動跟清醒時的認知又有什麼樣的差別？就他的觀點，夢的顯著特徵——視像幻覺、不連貫的情節、脫序的情緒、缺乏判斷力或者自我覺察的能力——只有心智錯亂的人才會在清醒時也經歷到。就像他的對手佛洛伊德，他希望對夢境運作方式的理解，也能爲心理疾病的機制提供洞見。

雖然如此，最重要的是，他希望夢研究可以帶領他找到他的聖杯：解開意識的祕密；這個問題通常被稱爲「心物問題」。他相信心靈的每一種狀態，從作夢到各種形式的清醒意識，都可以完全由特定時刻的腦細胞活動型態來解釋。沒有超越物質以外的所謂「心靈」。更精確地說，心靈就是物質。自我、自由意志還有其他類似的玄妙概念，最後終歸是神經元的某種特殊放電型態。對於任何相信身體之外還有靈魂存在的人來說，這個觀念顯然造成困擾。就算宗教傾向不強的人也很難接受這個想法，因爲我們認爲自己心中還有個更高的自我，跟我們的腦在某方面來說是不同的，那個「我」有處於知覺狀態的自覺，這正好跟霍布森的主張格格不入。

霍布森以一種救世主般的姿態宣布，我們的情緒、記憶和思想都只是反映出腦部電流與化學活動的摩斯密碼。他論證，在入睡和清醒的轉換之中最能夠清楚看出，腦部的物理性變化無疑導致了思想與感覺性質的轉變。

「反對我看法的人，他們心裡多多少少認爲『自我』是某種獨立在外的東西，跟身體有性質上的不同。對，我們是很難想像意識如何從腦中出現，但更難想像它別無根基就憑空出現，除非你相信有個神掌握了靈魂，然後加以處置。接受心靈和腦是同一個東西，對於宗教是很嚴重的挑戰，但這不見得減少了生命的神奇。」他這麼說。

霍布森很幸運，有另外兩個著名科學家也對這樣重要的問題有很大的興趣，他們正好在一九八〇年代建立了一個新穎的計畫，目的正是資助這種研究。心物問題研究群是沙克和蓋爾曼的智慧結晶，沙克因爲小兒麻痺症疫苗的研究而聞名，蓋爾曼則是諾貝爾物理獎得主。兩人都在麥克阿瑟基金會的董事會裡，該基金會當時逐漸開始爲前衛的跨學科研究提供長期經費。霍布森是前三個加入這個研究群的科學家之一，這個研究群的成員一年會面四到五次，彼此腦力激盪，並且交換各自研究計畫中的資訊。霍布森說：「我想，蓋爾曼和沙克覺得如果他們能成功解決粒子物理學與傳染病學的難題，我們的研究群當然也能解決心物問題。……我還記得當初在芝加哥，我隔著桌子坐在蓋爾曼對面，解釋我想做的是怎樣的研究，然後他同意那也正是他們想要的東西。」

從一九八〇年代晚期開始整整十年，麥克阿瑟基金會資助霍布森研究室中的研究，研究目標在於指出意識在作夢時的特徵，並且追蹤它們的源頭——夢中大腦的特殊生理學狀態。如果你夢到你正想逃跑，你的腳卻陷在流沙裡，根據霍布森的研究，這只表示你腦中的運動迴路被雜亂的腦幹訊號給觸發了。這些迴路輪流發出讓你身體逃跑的信號，然而因爲腦幹阻止這些信號到達你的腿部肌肉，帶到夢中的知覺就變成你試圖跑開，卻被困住了，所以你把這個感受編織到夢的情節裡。

顯然許多夢都充滿了強烈的情緒，所以霍布森的小組也收集受試者夢境報告中與情緒相關的資料，並且從作夢者的報告中發現，某三種特定情緒就占了他們全部經驗的七成：焦慮是最常見的，其次是得意洋洋，再來就是憤怒。其他的情緒，像是與溫情或性欲相關的感覺，還有羞恥感與罪惡感，在夢裡都不常見，這些情緒在夢中情緒報告裡的占比都少於百分之五。這也符合霍布森的理論，因爲據目前所知，在REM期受腦幹驅動的化學變化會刺激腦部的情緒迴路，特別是一個杏仁狀的結構，稱爲杏仁核；這裡控制身體中的「打或逃」反應。如果你在清醒時覺得焦慮、被嚇壞了、或者開車開得一肚子氣，十之八九你的杏仁核已經馬力全開，就跟你夢到被人追趕、或者全無準備就要去考期末考時一樣。

霍布森也集中注意研究他認定的另一個夢境特色：它們的怪異性質。爲什麼你的夢境在巴黎的一個旅館房間，然後突然間跳到一間看起來像你大學宿舍房間的地下室裡？爲什麼你徒勞無功地在你的臥室裡找著一本相簿，接著中間連個過場也沒有，就跟一個幼稚園時期的朋友一起坐太空梭旅行？根據霍布森的說法，夢的本質就是怪異的，因爲意識清醒時在腦中負責集中注意力、檢驗實際狀況並做邏輯連接的部分，在作夢時是脫序的。所以，夢本來就是怪異的，就是一種瘋狂。

霍布森說：「我們所見、所尋找的東西，是由我們心靈中的事物所塑造出來的，而我們多多少少確定作夢跟REM是互有關聯的。」

雖然，REM很顯然就是製造鮮明、詳細夢境情節的最佳狀態，但其他研究者發現，有證據顯示腦部也在其他睡眠階段作夢。探究非REM期夢境的科學家做出結論：與其說每晚八小時睡眠中只有REM期的兩小時才作夢，不如說我們整段睡眠時間幾乎都充斥著某種心智活動，那些活動有時就像白天時的思考，其他時候又變得更接近幻覺。帶有幻覺的夢境式思維，甚至有可能在我們對外在影像與聲音注意力放鬆的清醒時刻驟然閃現。簡言之，這些科學家主張：腦部高度演化並負責製造思維的部位，活躍地參與創造夢境，而清醒與作夢之間的界線實際上可能更模糊。

霍布森的研究團隊設計了一個實驗，來弄清楚清醒及睡眠中心智活動的差異，他以這個實驗的結果來支持他的論點——作夢就其本質而言，是幻覺性的。他們在受試者身上裝了呼叫器，好讓研究人員夠在無預警狀況下經常性地聯繫受試者，在他們坐地鐵或者伏案工作時，取樣了解他們白天時的思維性質。在夜間，就用「睡帽」收集從剛入睡、非REM期到REM期的夢境報告。透過這種取樣方式產生了一千八百份有效報告，隨後這些報告被送去給評估人員，依據各種特徵（包括情緒的強度、思維的性質和怪異程度）來打分數。從平靜的清醒狀態、經歷睡眠起始階段再到REM期，思考的頻率減退了四倍，幻覺的頻率則升高了十倍。

在霍布森和麥卡利深具影響的理論出版前十餘年，心理學家富克斯也曾在芝加哥大學的研究中，證實作夢確實在REM期以外發生。他做出這些成果的第一個研究，最後變成他在一九六〇年完成的博士論文主題。富克斯一開始接受常見的看法：夢只出現在REM狀態，但他想知道夢在REM週期裡有多早出現。爲了達到徹底的結果，他嘗試在腦波圖顯示受試者開始REM睡眠之前就把他們叫醒，問他們心裡到底有沒有閃過什麼念頭。讓他大吃一驚的是，他發現有超過百分之五十的受試者在醒來後表示有作夢，他們甚至還沒進入第一個REM期。在後來的研究裡，睡眠初期的類似REM夢境報告比率高達百分之七十。「我放棄嘗試找出REM夢境是怎麼開始還有什麼時候開始的，因爲我根本找不出夢是在哪裡中止。」富克斯說。

當然了，如何定義「作夢」這個問題，對於論證夢只發生在REM期的人來說，正是反駁的重點所在。一九七七年，霍布森刊登在《美國精神醫學期刊》上的那篇著名論文裡，簡述了他的新理論，他對夢的定義如下：「一種心理經驗，發生在睡眠狀態中，其特徵爲幻覺性的印象，大部分是視覺性的，而且通常很鮮明；包含怪異的元素……而且在它們發生的時候，（作夢者）出於錯覺會接受這些現象是『眞實』的。」相較之下，富克斯把任何有心理內容的報告都視爲夢，其中也包括其他人可能稱爲思想的東西。批評者辯稱，非REM期夢境報告比REM夢境模糊、又沒有那麼強烈的幻覺，更像是思考過程，所以不該被稱爲夢。

然而，紐約市立大學的一位認知心理學家安卓布斯提出另外的證據，說明夢境不全然是

REM期的特徵。他發現如果我們在早上比平常晚醒來，常會有生動鮮明又記得住的不尋常夢境，也就是我們通常會向其他人描述的那種「超級夢」。那時正是一天中內在生理時鐘轉換的時刻，我們快要清醒了，並因此引起遍及整個腦部的活躍狀態。此時的夢境報告包含比一般夢境更明亮、清楚的視覺影像，而且不管這些夢是否出現在REM睡眠中，它們也不尋常地詳細而冗長。「如果夢只是跟REM睡眠有關，就不可能產生這種狀況。」安卓布斯說。

確實，典型的REM夢境報告通常比一般非REM夢境報告來得長且詳盡，就像下面這兩個夢境報告一樣，這兩個報告是赫特夏芬和佛蓋爾在一九六三年的研究中收集到的。一位受試者在慢波的非REM睡眠期被喚醒，他描述他的夢境：

我夢到自己準備好參加某個考試。這個夢很短。這就是全部的內容了。我不認為我很擔心那個考試。

同一個人在那一夜稍後的REM睡眠期被喚醒。雖然下述夢境的主題跟前一個大同小異，但後來的夢在長度和詳細程度上顯然與先前的夢大有差別：

我夢到考試。在這個夢的前段，我夢到我剛結束一個考試，外面陽光普照。我和一個修了同樣某幾堂課的男生一起走路。那算是中場休息，有人提到他們在某堂社會科學考試裡得到的成績，而我問他們社會科學的成績是不是已經發表了。他們說對。我沒拿到我的成績，因為我有一整天不在。

除了典型REM夢境比非REM夢境更長、情緒更強烈、更多采多姿之外，富克斯也跟安卓布斯有一致的發現：隨著夜晚的進展，非REM睡眠期的夢常常會跟REM期夢境混在一起，難以區別。下面這個夢境報告是一個很好的例子，報告者是在那天晚上最後一個REM週期之後二十五分鐘被喚醒的：

> 我跟我媽媽在一家公共圖書館裡。我想要她為我偷某樣東西。我必須很努力才記得住它是什麼，因為這玩意很特別，看來就像一顆水牛頭，掛在這個博物館裡。我先前告訴我媽，我想要這個頭，而她說：好吧，你知道，我們可以試試看。她跟我在圖書館裡碰面，這裡是博物館的一部分。而我記得我告訴我媽，拜託把聲音壓低些，而她卻堅持要講得更大聲一些。接著我說，如果妳不小聲一點，妳一定就弄不到那個水牛頭了。每個人都會轉頭來瞪著妳。呃，當我們走到水牛頭所在的地方時，水牛頭旁邊圍繞著其他怪異的東西。那有點像是二十世紀初小男孩習慣穿的罩衣。然後在圖書館裡工作的其中一個女人到我身邊來說：親愛的，我一直沒辦法賣出這件罩衫。我記得自己對她說，這樣

啊，那妳為什麼不穿上它呢？出於某種原因，我必須讓我媽媽一個人留在那裡，她必須一個人繼續進行那個水牛頭計畫。接著我離開了圖書館，走到外面去，外面有好幾群人就坐在草地上聽音樂。

滿屋子的心理學家可以沒完沒了地爭辯如何詮釋這些夢，但無須爭辯的是，這個夢很難跟其他典型的REM夢境區分開來。後續的研究指出，至少有百分之五到十在REM期以外叫醒受試者而產生的夢境報告，跟REM期的報告如出一轍；雖然毫無疑問，大多數有如故事般的鮮明夢境確實是在REM睡眠階段發生的，彼時我們的腦處於高度激發狀態。

就像霍布森，富克斯並不信任佛洛伊德式的夢境分析或者其他的夢境詮釋。他相信，我們經驗到的作夢是兩個各別演化發展的意外副產品；REM睡眠的出現和人類的意識發展，兩者創造出一種衝動，要以腦部所接收到的任何可用訊息來編織故事。每當腦部編故事的部分活躍時（它們在REM期時固定如此），它們就無法克制地編出一個夢。

然而對於夢的本質，富克斯得到跟霍布森不同的結論。首先，他同意安卓布斯的看法，夢不是從本質上就很怪異。他認為，「所有夢境都是狂野又充滿幻覺的故事」這種看法源於一個事實：多數我們會記得的夢，在情緒上極端強烈或者內容怪異，以至於把我們給弄醒了。比較平淡、寫實一點的夢填補了我們大量的睡眠時間，讓我們繼續睡下去，所以我們不會想起來。

他的觀點立足於他在睡眠實驗室裡研究所得的證據，他認爲睡眠實驗室是收集夢境報告最好的環境。研究人員在睡眠實驗室裡監控受試者的腦波圖型態，並且在REM睡眠和非REM睡眠期間叫醒他們，許多這樣得來的夢境報告裡確實缺乏讓人聯想到夢境的那種異想天開怪異幻覺、或者突如其來的場景轉換。富克斯指出，在車禍現場得到的證詞，會比證人在幾小時後才回想的細節更可信；同理可證，夜晚夢境內容的即時報告會比早上醒來才得到的回憶之詞更可靠。在實驗室裡一整夜所收集到的取樣報告具備眞正的代表性，這些報告大部分是相對來說彼此融貫的影像，以某種有脈絡的方式串連在一起。

富克斯也做出結論，我們所知的夢境創造是高層次的認知過程，發展出來的時間比一般人所認爲的還要晚。他的結論是從一個針對兒童夢境的縝密研究延伸而來；對於人類意識是如何發展出來的，該項研究提供了發人深思的洞見。如同他在自己的著作《兒童的夢與意識的發展》中所說：「要作夢的話，光有能力看是不夠的。你必須能夠以某種方式思考。你必須能夠從剛開始很短暫、後來會變得更長一些的片段中，模擬出一個意識中的現實世界——這個世界缺乏現有的感官資訊支持，你也從來沒有經歷過。」

富克斯對兒童夢境所做的突破性研究，幾乎可說是意外的產物。在芝加哥大學的某個類似研究中，他曾經探究過，成人受試者的夢境內容是否能藉由睡前看暴力影片來加以操縱；他展開另一項實驗，以便檢視兒童在睡前看電視節目「拓荒者布恩」的暴力或無暴力片段，是否會影響到他們的夢境。雖然他發現電視節目對兒童的夢境內容沒有顯著影響，他卻體認到，他發現了一個更加有趣而且值得深探的研究角度。「我慢慢了解到，我試圖看出這些荒謬影片會如何改變夢境實在很傻，實際上我們甚至還不了解兒童夢境的基本性質是什麼——從來沒有人做過一項客觀研究，描述夢的性質是什麼。」富克斯說。

當富克斯前往拉洛米，接下懷俄明大學的研究職位時，他成立了一個睡眠實驗室，以便研究他透過報紙廣告招募來的一批兒童；不管是針對成人還是兒童夢境所做的研究，他的睡眠實驗計畫都算得上是有史以來最大規模的。這個研究在一九六八年展開，受試者是十四位年齡三到四歲之間的兒童，以及另一組九到十一歲的兒童，這一組有十六個人。年長組有四個孩子後來搬離此城了，除此之外所有小孩都繼續在這個研究計畫裡待了五年。一年裡有九個晚上，他們會到睡眠實驗室去；在實驗室裡，每天晚上他們會被叫醒三次，主要是在REM睡眠期間。

臥房以玩具和海報布置得很有家的味道。年紀較小的孩子有時候會由父母在那裡陪到他們入睡，但富克斯也經常充當代理父母，讀睡前故事給他們聽，還有在熄燈前倒水給他們喝。雖然有其他研究室人員在場，富克斯總是那個叫醒他們詢問關鍵問題的人：剛剛發生了什麼事呢？問他們是不是夢到了什麼，可能會暗示他期待得到肯定的答覆，也等於要求那些較年幼的小孩表現出可能超過能力範圍的內省能力。他只是希望他們客觀地報告，就像他們在經過一條路時描述車窗外的景象一樣。

一年之中，富克斯也會分幾次在白晝測試兒童清醒時的認知技巧。爲了收集較年幼孩子在這方面的資訊，他在前三個夏天成立一個每次維持兩星期的幼兒學校，以便縝密地觀察小孩子遊戲時的行爲，以及他們跟其他人的互動。他說：「我們想觀察每一個或許和作夢相關的清醒行爲，並且在實際上比較白天和夜晚時的孩子。」

他的發現令人震驚，因爲這些發現跟科學家和父母一般認知的兒童夢境本質矛盾。富克斯的資料顯示，兒童的夢境在九至十一歲的年齡之前，在形式上或者頻率上都還不會像成人一樣。當他在睡眠實驗室叫醒小孩的時候，在REM睡眠中的任何夢境回憶比率都不超過百分之三十，直到他們度過關鍵性的九歲生日以後，夢境回報率就會到達成人的水準：大約百分之八十。甚至更顯著的是，小孩描述的夢境內容和大人的夢有巨大的差異；這些受試兒童的夢境，隨著時間以一致的模式演變。

五歲以下兒童的夢主要由短暫而平淡的靜態影像組成，他們經常在其中看到動物，或者想起白天的活動，像是睡覺或者吃。下面這些夢境報告就很典型，來自參與研究的一個孩子，四歲的迪恩：

我在浴缸裡睡覺。

我在一個「可口」架上睡覺，可口架就是你拿可樂的地方。

在五到八歲之間，兒童的夢境報告會變得更複雜一點，有連續的行動以及角色之間的互動，但在七或八歲之前，小孩本人不是常出現在夢中的活躍角色。舉個例來說，迪恩六歲時做了下面的報告，勾勒出在這個心智發展階段時，作夢能力有什麼樣的特色：

> 芭芭拉湖畔的一間小木屋。那間屋子很小，我往屋裡看。佛雷迪跟我在旁邊玩一些玩具之類的東西。

到了八歲時，迪恩的夢發展出較長的故事，他在其中扮演較爲活躍的角色：

> 我的家人——我姊姊還有我媽媽——還有我要去滑雪。我們是飛到那裡去的。我可以在一座機場裡看到飛機、人還有其他東西。而當我轉身的時候，我上錯了飛機，反而去了奧林匹克運動會。當我去了奧林匹克的時候，我開始擔心起來，因為我錯過班機了。我可以看到奧林匹克運動會裡的人，他們拿著火把，還有其他人在滑雪什麼的。

迪恩的姊姊愛蜜麗在十二歲時報告的一個夢境，則反映了更進一步的進展，富克斯將之定位爲兒童到了十一歲以後發生的進展；此時他們的夢境就像成人的夢，反映出個人的關注和情緒的偏重點：

我跟我的兩個朋友，還有另一個女孩跟她的法國人媽媽一起坐在一輛車裡，她媽媽開車載我們回家。她有法國人的口音，正在對我們講話。街上有某樣屬於我的東西，我告訴她們街上那條項鍊是我的。所以我們停下車，我的一位朋友出去撿。然後另外一個人，是她爸爸——他也在車子上——他就這樣把車開走，把她留在那裡，一個人站在路中間。而我們就只是在車子裡彼此對望，覺得很奇怪。在夢的最後，我有點激動，因為他把她一個人留在路上，而且我也覺得對他有點憤怒。

有些人不接受富克斯的結論，這些評論者論證，在睡眠實驗室而非居家環境收集的夢境，會讓結果有某種偏差。霍布森的神經生理學實驗室裡，有一組研究人員做了一個以居家環境爲基礎的研究，由父母收集了八十八份報告，分別來自十四個四歲到十歲的小孩。他們告知那些父母，這個研究的目的是要決定兒童夢境的本質和頻率，所以他們不應該強迫這些小朋友做出夢境報告；但在其中五個晚上，這些小朋友受到指導，要在睡前對自己重複說「我會記得我的夢」。在連續十三個晚上的研究期間，父母在早上叫醒孩子時，會用一個微型錄音機收集夢境報告；有時他們也會在半夜叫醒孩子。這個哈佛大學的研究顯示，小孩子能夠做出詳盡的夢境報告，在長度、人物數量、場景和怪異性質上跟大人的夢相近。年幼到只有四五歲的孩子回報了他們的夢境，並且說他們在多數夢境中扮演活躍的角色。研究人員做出結論：「因爲這個大範圍的作夢心理歷程，是在熟悉而舒適的環境下，只對（受試者）信任的知心人揭露的，其中有個重要的含意：睡眠實驗室或許不是自然夢境資料的最佳來源。」

為了回應，富克斯說，這些父母（主要是來自波士頓與鱈魚角地區的專業人士夫婦）對於研究所知的一切，對結果造成影響。他論道：「我們可以想像，當代劍橋區醫生律師們會感受到來自群體文化的壓力，要看到他們的孩子在任何想像力測驗裡表現『良好』，此外還有來自研究團隊的特定壓力，他們的理論也特別指出小孩的夢境報告必須很有想像力。」富克斯自己做的研究顯示，如果用同樣的方法在家中和實驗室裡收集兒童的夢境，得出的結果在內容和回憶程度上沒有顯著的差異。

還有其他的評論者也懷疑富克斯對兒童夢境的發現，他們論證：幼童夢境報告的內容貧乏而平淡無奇，是因為語言和回憶技巧還不成熟；換句話說，他們還無法精確描述他們夢見什麼。但富克斯在白天對兒童認知能力的測試，實際上顯示最常提出夢境報告的小孩在記憶力、字彙或描述技巧方面，並沒有比較少提出報告的孩子強。這些最常提出夢境報告的小孩，反而是在視覺空間技巧測試中分數較高；其中一種典型測試，就是給他們看一張圖片，他們要以積木重新建構出圖中的彩色圖案。富克斯做出結論，視覺想像能力是逐漸發展出來的，這對作夢來說是關鍵性的前置條件。

某兩個孩子在研究中出現了出人意表的結果，從而支持了他的論點。十一至十三歲組裡有兩個男孩，在REM期被叫醒後很少提出報告。雖然他們有一般水準的記憶和字彙技巧，在學校裡也適應良好，這兩個男孩在積木設計測試裡得到的分數低得異常，跟五到七歲組的小孩差不多。「他們的狀況比五到七歲組更清楚，這些孩子不可能做了夢卻不記得，也不是沒有辦法好好描述他們的夢。更有可能的解釋是，他們就是沒作夢，或者沒有容易記得的夢。」富克斯這樣論證。

富克斯的論證——小於五歲的孩子缺乏作夢的某些必要視覺空間技巧——也得到盲人夢境的研究結果支持，其中某些研究是由他的妻子，認知心理學家珂爾所指導的。在五歲前失明的兒童很少在夢中體驗到視覺印象。在五歲到七歲之間失明的孩子有時候還有視覺印象，在七歲以後才失明的孩子則能夠像明眼人一樣常常作夢，還能在意識清醒時形成視覺印象，比方說為他們失明後所遇到的人塑造一個心中的圖像。因為富克斯發現五到七歲是作夢的發展關鍵期，他堅決主張，腦部就是在這段時期變得有能力創造視覺影像，而不必仰賴直接的知覺經驗。富克斯說：「作夢並不是跟我們怎麼看有關，而是關乎我們如何能夠思索並非實存的人事物。」

當然，那個思維歷程也正是容許盲人在眼部已沒有視覺資訊輸入的狀況下，還能有視覺經驗的同一過程。藍維爾這位心理學家在二十五歲時失去視力，此後便研究盲人的作夢現象；他表示在他剛剛失明時，他夢中的視覺影像有著他失明前同樣的清晰度與質感。他說：「我在夢中能看得見，讓我初步有意識地體認到視力和視覺是不同的現象。就我的觀點來說，視覺是一種思考方式。」

但在失明超過三十年後，藍維爾說，他目前在大部分的夢裡都是個盲人，夢中的多數影像，都跟他在清醒時刻所創造的視覺印象處於同一範疇。他說：「我可以依據我從其他感官得到的資訊，爲我從未見過的人事物創造視覺影像。我從沒見到過我自己的孩子，但我很確定我知道他們看起來什麼樣子，而當我夢見他們的時候，我看得見他們。」但當他夢到他長大的家、還有失明前的經驗時，那些視覺影像（跟他現在自己創造的影像相比）有著質感上的差別；他看見那些景象時的清晰度和扎實感，與他的眼睛還能用以傳遞外在世界資訊時如出一轍。他特別提到：「夢中大多數的意象仰賴記憶，年紀越大，就累積越多失明的記憶。」這些喚醒失明前時光的鮮明夢境，藍維爾一年只會作幾次，而且通常只有在他脫離常軌、或者在清醒時受到某件事的情緒刺激時才會作。

他重述了一個夢境，在這個夢裡他是十一或十二歲的小男孩，正要走到海灘去，以前他跟他祖父常常這樣做。他看見栩栩如生的全景畫面：眾人從旁邊經過，特別是一個誘人的女子，穿著一件藍色泳裝，戴著閃閃發光的黑色耳環。他和他祖父停下來買披薩，在他們等著披薩變涼的時候，他祖父興奮地叫他抬頭看誰來了。「我確定他的意思是某個從我們熟悉的地方、從我們家來的人，但當我抬頭看的時候，場景變成了一幅靜物。那是一張明信片，然後我就知道我在作夢。」藍維爾回憶道。他說，這樣的失明前夢境故事充滿了快樂的景象，但在醒來面對失明的事實時，總是帶來強烈的悲傷感受。但他補充道：「雖然如此，要維持具備視覺現實感的心理能力，『記得看見是什麼感覺』在此扮演了一個很重要又刺激的角色。知道神經性的基礎結構還在那裡，也讓人覺得很安慰。」

他說，夢對於他探索新環境和銘刻視覺印象的能力，也扮演了關鍵性的角色。如果他必須學會到牙醫診所的新路線，在學習階段的最後，他會做他所謂的「強化之夢」；在這種夢裡，他頭幾次前往該地所吸收的全部聲音與感官資訊都會集合在一起，給他一幅關於新場所或者新路線的心像。他在強化之夢中「看到」他的路線之後，他才能夠像在家裡一樣，在那條路上來去自如——他在家裡行動時，就像明眼人一樣有自信。這樣的夢境也幫助他強化其他種類的視覺印象。「當我女兒把頭髮剪短的時候，我會觸摸、鑑賞新髮型，並且做出評論。然而，下次她走過我身邊或者我想起她的時候，我腦中自動冒出的畫面還是她留長髮的樣子。一旦我夢見她的新髮型，也就是說我見過新髮型之後，她對我來說就會一直是新的樣子了。」他說，在童年早期之後才失明的其他人也曾經回報類似的作夢經驗。

來自兒童夢境研究的資料顯示，盲人如何逐漸依賴這種視覺化能力，兒童又是如何自然地出現這種能力；富克斯覺得這些資料非常引人入勝，但最讓他驚訝的部分是：小孩子要花多少時間才能在他們的夢中納入自己的形象，成爲場景中活躍的角色。他發現這一點特別重要，因爲來自神經心理學的證據顯示，如果我們在夢中無法產生某個固定範疇內的影像，醒來的時候也一樣做不到。這暗示了一種令人驚訝的可能性：在小孩至少有七歲大之前，他們缺乏有意識的自我身分認同。心理學家用來判定小孩子是否發展出自我意識的測試辦法，包括問小朋友現在的她跟嬰兒時代的她是不是同一個人；或者，如果她有了不同的名字，會不會還是同一個人。「孩子在告訴我們做了什麼夢的時候，同時也告訴我們，他們在自己心裡能做到哪些事、不能做到哪些事。」富克斯說：「而且最棒的是，他們告訴我們這些事時，甚至渾然不覺。」

在一九八〇年代中期，富克斯在亞特蘭大以五到八歲的兒童爲對象進行另一項夢境研究，當時他是當地的艾莫立大學教職員之一，並且在一家州立心理衛生機構主持一個睡眠實驗室。他想知道，他能不能重現關於有意識自我認同發展的第一批研究結果。他確實做到了。

富克斯總結了他所確信的事：兒童夢境研究告訴我們，「對於我們這種剛出生時還不成熟、還有許多事情有待學習的生物來說，意識並不是一種從一開始就能充分供應的奢侈品。意識是慢慢浮現的，而在我們上小學之前，意識能力甚至還沒發展到最後涵蓋的全部範圍。隨著活躍的自我表徵、自傳性記憶和帶來經驗連續性的自我感等等開始浮現，具備人性的個體也跟著出現。」

雖然富克斯想藉由分析兒童夢境做進一步的研究，找出意識開始浮現的其他關鍵特徵，他的希望卻粉碎了，因爲他在州立研究機構實驗室作夢境研究的經費在一九九一年終止了。富克斯找不到其他來源資助他的研究，他的職業生涯突然告終，他退休到奧瑞岡州去——夢與睡眠研究的先驅赫特夏芬認爲，這種發展是很不幸的損失。他說：「富克斯是我見過最審愼、最面面俱到的實驗者，他的成果應該有更大的影響力才對。」富克斯把他的命運歸咎於政府部門分派經費的政治因素。「我不得不決定退休，從某種意義上來說，我是藉此負起責任；因爲如果你不屈服於神經科學現在的流行風潮，你就會失寵。」他這麼說，點出了他所抗拒的主流風潮是對夢的神經科學解釋：作夢只是腦子盡其所能地合理化腦幹所發出的混亂訊號。「在睡眠和夢研究的領域裡，對基礎心理學的支持愈來愈少了。」富克斯說。

談到霍布森宣傳得法的理論到底對夢境研究的發展造成什麼樣的影響，其他對夢境內容或者夢的心理學面向感興趣的研究者，也呼應富克斯的看法。加州大學聖塔克魯茲分校的夢境研究者東霍夫觀察到：「霍布森帶著他的理論出現，並且變成一個反佛洛伊德派。這讓他一炮而紅，不過也造成兩極化現象。他變成『科學先生』，另一邊的人就成了非科學派，讓富克斯這樣的人被剔除在整體圖像之外。霍布森得到了曝光舞台和金錢，這兩者對於一個學術領域都有很強大的塑造力量。」

在回應這樣的批評時，霍布森說，身爲「反佛洛伊德派」確實讓他引起注意，可是他不相信是這一點幫助他贏得研究經費。實際上，夢境研究的國家贊助大體上在一九八〇年代就開始枯竭，睡眠失調變成掌控經費的前幾名研究。他說：「他們眞正火大的是他們的實驗室關門大吉，而且沒錢可用。我可沒做這種事，是國家衛生研究院幹的好事。」他也否認他在夢境研究中貶低了心理學的重要性，他點出實際上他很相信心理治療，只要是「對的」那一種——就他而言，就是非精神分析的那種。確實，他一九七七年的論文在心理治療社群中引起很大的騷動，論文中陳述作夢的主要驅動力是生理學而非心理學上的力量，但這並不表示夢「沒有心理上的意義或功能」。

爲了提供一個更寬廣的觀點，認知心理學家安卓布斯說，就算霍布森和麥卡利的研究仍然沒解釋一個夢實際上是怎麼創造出來的，他確實要把大量的功勞歸諸於霍布森，因爲他記錄了腦幹中的神經活動，確認了腦幹負責REM和非REM睡眠階段的交替，特別是在當時很少人注意腦部表面以下的基礎結構。「大腦看來在百分之二十的夜晚裡是全然清醒的，那時的腦波圖看起來像是清醒的腦波圖。」安卓布斯說：「你要怎麼解釋它？我們不知道腦幹會這麼做。是霍布森和麥卡利指出來哪些東西激發大腦，讓它表現出清醒的外顯特徵。這就是霍布森的工作所做出的重大貢獻。」

可是，眞是腦幹啓動夢境的嗎？接下來，即將有一個好問的年輕人索姆斯來挑戰這個假設了；他就像霍布森，是一個充滿決心的研究者，質疑權威或者某個科學觀點對他來說不成問題。而且，讓這場辯論更加精采的是，他還是個精神分析師和佛洛伊德的鐵桿捍衛者。他的發現，還有使用前所未有新科技（能即時捕捉作夢大腦動態的儀器）所做的研究，將會幫助彌合佛洛伊德派和神經心理學家之間的分裂鴻溝，對於夜晚的心靈中究竟了發生什麼事，也會揭露更進一步的驚人發現。

第三章 夢的意義和記憶的祕密

或許從中作梗的，就只有佛洛伊德的鬼魂。

——布勞恩

索姆斯生長在目前屬於那米比亞的一個偏遠非洲村落裡，他和他哥哥大索姆斯彼此焦不離孟，有一部分的原因在於村裡就只有他們兩個小孩講英語。他們定居在這個位於非洲西南部的前德國殖民地，因爲這裡是盛產鑽石的礦場，而且他們的父親是鑽石業巨頭戴比爾斯公司的行政主管。但有一回，年僅六歲的大索姆斯爬上屋頂玩耍，結果從上面跌下來，腦部受創；這不僅永遠改變了他，也間接導致他弟弟踏上一條塑造了他整個人生的追尋之旅。

「現在回溯起來，我相信是因爲我哥哥的意外，讓我以這種獨特的方式研究神經科學，因爲我想要了解人是如何由自身的腦部功能所組織起來的。不只是腦部的認知層面——像是我們如何學習說話或閱讀——更確切地說，是腦部如何讓我們有人格和自我感。」索姆斯說：「如何能夠從這堆組織裡冒出一個人格來，而我哥哥這個人如何因爲傷到這堆組織的一部分，就整個人變了？」索姆斯研究腦部特定位置的損傷對行爲造成的確切影響，這在實際上引導他做出發現，揭露了夢境拼圖中驚人而重要的新片段。

雖然索姆斯現在以南非爲研究基地，他會定期前往紐約，以便與他在紐約精神分析中心的研究保持聯繫；這個中心鼓勵神經科學家和精神分析學者之間的研究與訊息交流。在明顯帶有英國氛圍的上東區旅館餐廳裡，索姆斯用一頓早餐的時間，解釋著他如何開始把重心放在夢境，視之爲窺視心智運作的窗口；他對於自己的研究所抱持的誠摯熱情，從中表露無遺。

在一九八〇年代早期，身爲一個神經科學學生的索姆斯發現，他所學的內容有許多是膚淺的腦部機制，但對於他感興趣的大問題卻幾乎什麼也沒提。也就是說，直到他被朋友說服去上了一堂佛洛伊德夢境理論的討論課前，他什麼也沒學到；那堂課的教師不是科學家，而是一位比較文學教授。那門討論課的焦點在於佛洛伊德在十九世紀晚期寫的一份手稿，手稿中推測可能有什麼樣的機制埋藏在作夢過程之下。「我大部分的朋友是念藝術、歷史和哲學的，我則是其中的異類——研究大腦，所以能找到一堂課讓我進入他們的世界，讓他們很興奮。」他回憶：「聽到對支持作夢過程的腦部功能所做的那些推測，我非常著迷：一廂情願的想法、與強烈的情緒周旋——全都是關於鮮活生命的充實內容，那是我在神經科學領域裡聽不到的。」

因此，索姆斯決定他的博士論文要以更新佛洛伊德理論爲主題；佛洛伊德在一八九五年以〈一套科學心理學方案〉爲名，發表他對夢境的神經學基礎所提出的理論，但是他的推測所仰賴的腦部運作知識，在一八九五年之後已有顯著改變。首先，索姆斯仔細研讀霍布森的研究，這些研究顯示：REM睡眠時來自腦幹的信號讓人開始作夢，而演化上更發達的前腦則只是製造夢中的幻象，盡其所能地合理化它所接收到的隨機混亂信號。雖然索姆斯說，他認爲霍布森一九七七年的論文「非必要地摧毀一切，暗中布局讓佛洛伊德派的努力成果顯得比實際上還荒謬」，他還是堅稱自己絕非有系統地意圖否定霍布森的理論模型。「霍布森的觀點是『腦部如何產生夢境』的唯一觀點。這個觀點主宰了整個領域，而我只是個學生，所以我沒有理由懷疑它的基本信條。我企圖要做的，就只是極細密地解釋前腦實際上怎麼處理來自腦幹、刺激夢境的脈衝。」

此時索姆斯已經踏上屬於他的道路，將要成爲一個佛洛伊德派學者和精神分析領域的領導者，他懷疑夢的創造過程比霍布森理論所指出的更爲複雜。如果索姆斯可以精確定位出大腦演化程度更高的部分如何參與創造夢境，他便有可能證明佛洛伊德提出的看法是正確的：夢是從我們由童年早期到現在的記憶中抽繹出來的，並且象徵性地表現了驅策我們內在生命的強烈情緒。

這位年輕的研究者藉由傳統的神經解剖學研究工作，開始了他的探索。索姆斯在神經外科部門工作，一開始是在約翰尼斯堡的一家醫院，後來轉往倫敦，他因此有機會研究每個有某種腦部創傷（通稱損傷）的病人，不論他們的損傷是因爲中風、長腫瘤，還是像他哥哥那樣受到外傷。他詢問每位病人這些疾病或外傷是否對他們的夢境有影響，如果有的話又是怎樣的影響。他的詢問方法幾乎立即奏效：他檢查的頭一批病人中，有一位說他完全停止作夢了。那位病人在的頂葉有一處損傷；頂葉這個部位結合了許多種感官資訊，製造出我們的空間方向感和心像。頂葉容許我們在做白日夢時，虛構出在南太平洋海灘上放鬆身心的景象，也讓我們能夠設想順路去銀行時會走的路徑，或者想像出我們會怎麼樣重新配置餐檯的空間，以便重新裝潢廚房。

當他碰到愈來愈多頂葉損傷的病人時（每個人都說他們不作夢了），索姆斯去查詢醫學文獻，然後發現過去零散的病例報告都指出同樣的結論。這一切對於索姆斯來說十分合理，其中也沒有跟霍布森理論相牴觸的地方：腦波圖紀錄顯示，這些病人仍然有REM睡眠，所以索姆斯假定，來自腦幹、啓動REM的信號照常被傳送出去了，但是夢並沒有出現，這只是因爲前腦中接收信號並製造畫面的機制損壞了。

可是，索姆斯遇到的病人還出現兩種其他的模式，著實讓他大吃一驚。雖然大多數腦幹受損的人意識不夠清醒，無法回答他們有沒有作夢，他還是有一些這樣的病人表示他們還在作夢——根據霍布森對夢境觸發機制所提出的理論，不該發生這種事。索姆斯說：「我開始懷疑，爲什麼我看到的每個不作夢病人都是有頂葉損傷的，卻沒有一個人是因爲腦幹受損而停止作夢。」所以他再度搜尋醫學文獻，心想就算他自己沒發現這樣的病人，他一定會找到關於這類病人的已發表報告。他一個也沒找到。「我完全傻眼了。」索姆斯回憶道：「如果你要主張某種腦結構執行某特定功能，那麼你就得有辦法證實，對於那個結構的損傷會導致該項功能的喪失。」

在那個時候，任何關於現行夢境理論都變得不確定了。索姆斯回溯更早期的研究時，他讀到富克斯和佛蓋爾所做的研究，其中顯示受試者回報的夢境大多數集中在睡眠初期醒來的時候，那是在第一次REM期之前；還有安卓布斯的研究裡，也有在睡眠週期尾聲的非REM期鮮明夢境報告，那是在清醒前的早晨收集到的。「當我看到REM睡眠和作夢之間的關聯並非緊緊相繫時，我開始思考，或許整個過程是由前腦而非腦幹驅動的。」他推測，REM睡眠確實是在腦幹被大量神經傳導質乙醯膽鹼給淹沒時打開的，這點一如霍布森的理論所顯示，但作夢本身是完全不同的另一個過程，可能只有在腦部較高階部位的特殊機制也啓動時，夢才會發生。

如果這種想法上的轉向證實無誤，就會建立另一個生理學基礎，把作夢視爲由更複雜腦部結構所驅動的一種心理歷程，而不只是對腦幹隨機電流信號做出的混亂回應。如此一來，不但人對於夢境內容的長年想像得以在科學上獲得證實，從索姆斯的觀點看來，這個新的研究方向也能證明，要爲佛洛伊德的夢境理論寫訃文還太早了些。如果夢和REM睡眠是兩個截然不同的過程，兩者都有自己的開關機制，那麼有可能夢境能夠由腦部動機性的部位驅動，這樣就符合佛洛伊德的概念：夢代表我們最深沉的願望與恐懼。而如果前腦中跟記憶形成強烈相關的區域也被證實與夢境創造相關，那將支持佛洛伊德的看法：夢中的角色、布景和行動，是從作夢者個人經驗的大量庫存中汲取的，其中包括超出有意識回憶範圍外的童年早期記憶。

索姆斯的推測——夢和REM睡眠是不同的過程，由不同的腦部機制控制——很快茁壯成一種信念，因爲此時他看到第二個預期之外的模式。他發現另外一批病人完全沒有夢境報告；這些病人大腦前額葉中央深處的某部位兩側都受損了。這個區域的組織被稱爲白質，因爲其中有很多神經通路，包覆在閃亮的白色脂肪鞘之中，這讓神經信號能夠在短時間內傳遞很長的距離。有一位病人在這塊區域受了傷，他眼部的刀傷穿透了腦部中央部位的兩側；其他這一區受損的病人則是因爲罹患一種特別的腫瘤，稱爲蝴蝶狀神經膠質瘤，這種腫瘤侵入白質時形狀猶如一對翅膀。全部加起來，索姆斯只有九個這樣的病人，他擔心這不足以支持任何有效的科學結論。這個區域受到妥善的保護，很少因爲外傷或自然因素而受損，此時索姆斯決定回頭搜尋數十年來的醫學文獻，看看是否曾有人描述過其他類似病例；就這樣，他找到了科學上的金礦。

在整個一九五〇年代，一直到進入六〇年代爲止，有一種治療精神分裂症和其他幻覺病人的方式是用改良版的前額葉切除術，這種外科手術在過去被用來馴服麥可莫非之輩——此人是肯．凱錫的小說《飛越杜鵑窩》（後改編成同名電影）中的主角。這種比較溫和的手術，通稱爲腦白質切斷術；外科醫師發現，可以藉由切斷某個腦區（正是索姆斯那九位自稱不再作夢的病人受傷的部位）來治癒病患的幻覺。所以雖然自然力量不常對腦部白質的關鍵位置造成傷害，多年來外科醫界卻曾對很多病人動這種手術，索姆斯發現，有壓倒性多數的病人說他們從此不再作夢。「這個事實白紙黑字地寫在那裡數十年，沒人注意到。」索姆斯說。

腦白質切斷術對於白質區域的功能也提供了一些資訊；白質被稱爲腹內側前腦，位於腦部額葉的底部且靠近中央的部位。接受過這種手術的病患，還有索姆斯找到的九位白質損傷病患，都在事後發生同樣的行爲改變。他們變得徹底冷漠，對於外界很少表現出自發性與好奇心。這並不意外，因爲在動物身上的同樣腦區（有時候稱爲搜尋系統）已經被詳細研究過，目前我們已經知道，在動物受刺激要滿足其基本需求、或是尋求快感時（從掠食到求偶都有可能），這個腦區會進入高度運作狀態。根據人類身上的腦部造影研究，藥物成癮患者光是看到吸毒工具的幻燈片、或者吸菸者菸癮大發時，同樣的腦區也會亮起。簡而言之，腹內側前腦是腦中的「我要這個」系統，而索姆斯確信這個系統（而非原始的腦幹）是產生夢境所必要的關鍵結構。

但是，這個特定腦區裡到底有什麼東西，讓它對作夢如此關鍵？索姆斯同意霍布森的看法：乙醯膽鹼是啓動REM睡眠的鑰匙，但他假設是另一種不同的腦內化學物質——多巴胺——讓人開始作夢。如果在清醒時，腦部的回饋系統因爲讓個體興奮或覺得有趣的活動而活化，多巴胺的濃度就會升高；這些活動從嗑藥（如古柯鹼）、攝取酒精、性、賭博到引起緊張的活動（如高空彈跳）都有可能。多巴胺傳導量降低，則與徹底無聊的感覺有關。雖然在腦中央部位深處的白質，富含傳送這兩種神經調節物質的神經纖維，索姆斯卻懷疑，多巴胺才是那眞正發動作夢過程的物質，因爲通常用來治療精神分裂症的幻覺消除藥物，起作用的方式很單純：就是阻斷該部分腦區的多巴胺傳輸。

如果他的疑慮是正確的，那麼增加多巴胺的傳導量應該會以某種方式增加夢境。實際上，塔夫茲大學的心理學家兼夢境研究者哈特曼，已經在一九八〇年的一項實驗裡，展現了多巴胺這方面的效能。哈特曼發現，給受試者增進腦中多巴胺傳導量的藥物，會讓他們的夢境大為增色。雖然接受藥劑的受試者跟服用安慰劑的受試者有著同樣數量和長度的REM循環，服藥者所回報的夢境實際上比對照組的夢更長、更奇特，而且鮮明又帶有強烈情緒。

索姆斯碰到另一群很有意思的腦傷病人以後，更確信光是腦幹不足以觸發夢境；這些人無法停止作夢，甚至清醒時亦然。這些病人前腦基部的某一組特定細胞受損，根據霍布森的觀點，這些細胞對於夢境的製造扮演了關鍵性的角色。霍布森堅稱，腦幹中催生夢境的信號投射到這些稱為「基底核」的細胞上，而且它們輪流激發創造視覺影像所必要的前腦結構、還有其他構成夢境的東西。如果霍布森的理論正確，那麼損害這些細胞應該會讓人停止作夢；然而索姆斯發現，事實恰恰相反。對基底核細胞及其他密切相關的結構造成傷害，反而造就出夜夢異常鮮明頻繁的病人，他們在白晝時也很難分辨夢境和清醒經驗的不同。「現實驗證系統」在我們作夢時處於休止狀態，所以讓我們能夠全然相信自己回到高中舞會現場，身上除了內衣以外啥也沒穿；此系統通常會在我們醒來的時候重新運作。對於基底核細胞受損的病人來說，就不是這麼回事了。

舉例來說，索姆斯的一位病人是三十二歲的男性，他在一場車禍中頭部受傷，損及他的前腦基底核。他的夢不但變得更鮮明，他還經常在噩夢中醒來，然後發現醒著的時候，夢似乎還在繼續。他說，這種經驗「眞實得嚇人」，如果要停止，就只能等他的妻子醒來說服他，他所看到的鬼魂或者爬滿房間的小動物都只是幻象。

索姆斯的另一個病人是一位四十四歲的寡婦，她因爲長了動脈瘤而損及這塊區域，這導致她在夜間有更生動的夢境，還有某些白晝經驗——她說，她的「想法就這麼變成事實」。有一天早晨她躺在床上，想著她已逝的丈夫，那時候她丈夫就突然出現在房間裡，跟她同在。他們聊了一陣子以後，他幫她洗澡。剎那之間，她才認知到自己仍然在床上，房間裡只有她一個人。要她相信她想像到的事情實際上全沒發生，是很困難的。這位女士解釋，她那時沒睡著也沒作夢，在她經歷其他類似的白晝夢幻經驗時也是一樣。「那不只是看到某些東西而已。那種感覺就像眞的一樣——就好像這些事眞的發生了——而有許多次，我簡直沒法把眞實與未發生的事區分開來。」

索姆斯如此評論她的個案：「這種感覺就跟我們偶爾都會有的感覺一樣：我們從一個特別生動的夢境中醒來，然後要花上一些時間才能理解，那些事件只作夢。她並不只是想著『如果我丈夫在這裡多好啊』，她的思緒整個轉變成她認知中的眞實體驗。從本質上來說，夢就是這樣。」

檢視全體證據之後，索姆斯現在堅信，他有了夢境製造過程新理論的素材。他論證，「多數夢境在REM睡眠時發生」這個事實，實際上是個造成誤導的巧合。REM睡眠和作夢實際上是兩個個別的過程，有著不同的開關機制，可能也有不同的生物性目的。如同安卓布斯、富克斯及其他人先前的研究所顯示的，REM是最有助於作夢的睡眠階段，但夢也會在REM期以外發生，特別是在我們剛入睡時，或者在身體準備醒來的早晨時分。這三種狀態的共通點，在於腦部的活動狀態開始提升，這只是造就夢境必要的第一步而已。「所以，這三個最容易作夢的睡眠階段所具備的特徵，並不只有REM狀態下的獨特生理現象（它只是其中一段期間的特色），還有其他不同型態的激發狀態。這暗示了作夢的必要先決條件，在於接收到特定分量而非特定型態的刺激。」索姆斯說。

作夢所需要的高度活化狀態，最常出現在REM期，從一九六〇年代起，由不同研究者進行的研究都顯示了這一點；在REM期間被叫醒時，有百分之八十的人會提出夢境報告。然而也有許多研究顯示，有百分之五到二十從非REM期被叫醒的人也會提出夢境報告；索姆斯論證，如果不是腦部活化程度升高到啓動前腦的搜尋系統，就算在REM期也不會產生夢境。搜尋系統受到多巴胺驅動，隨後會啓動架構夢境景象與情節所需的更複雜結構。這個產生夢境的系統是完美的配套系統，可以作爲佛洛伊德理論（夢根植於潛意識願望）的生理學基礎。索姆斯下了結論：「似乎掌握了作夢關鍵的那個大腦部位，正好符合佛洛伊德最不可能成立的理論所做出的預測，這相當有意思。」

純粹出於巧合，就在一九九七年索姆斯的新理論和支持證據付梓的幾個月後，有兩個美國研究者運用成熟的腦部造影技術，描繪出作夢大腦的動態情況；他們發表了他們的突破性發現，爲意識在夢醒之間來回時的大腦狀態，提供了迄今最詳細的觀點。

巴爾金在一九八九年遇到布勞恩之時，正在指導一些睡眠剝奪實驗；布勞恩是國家衛生研究院的神經學家，專長是帕金森氏症和其他運動失調問題。當時巴爾金是華特里德軍事研究院的行爲生物學系主任，他和布勞恩二人都深受腦部在睡眠狀態下的諸多謎團所吸引。在腦波圖紀錄是觀察腦部變化活動的唯一辦法時，科學家假定REM期間整個腦部都在放電；但布勞恩懷疑只有幾個特定區域高度活躍，如果能發現到底是哪些特定區域，就能更能了解腦部實際上在做什麼。「對我來說這似乎是最後的大疑問，但要解決這個問題，你必須對腦中所有部位從睡到醒的即時變化有通盤的了解。」

他們運用了一種稱爲正子斷層掃描（簡稱PET）的技術，這種技術能測量血液流動，以便指出哪個腦區在某個特定時刻最爲活躍。正子斷層掃描製造出的腦部圖像可以在電腦螢幕上顯示，活動較劇烈和較輕微的部位則以不同濃度的鮮豔色彩表示。在超過兩年半的時間裡，布勞恩和巴爾金定期在馬里蘭州貝瑟達的國家衛生研究院實驗室裡見面，做通宵的實驗，在受試者入睡前、進入REM階段和非REM階段時掃描他們，早上他們醒來以前又再掃一次。

他們所見的事物開啓了一扇窗戶，讓我們得以一窺特定腦區在夜間的心靈遠航裡到底發生了什麼事。在我們進入更深層的非REM睡眠階段時，幾乎腦部所有部位的活動都減退了，但活動程度首先下降、而且降得最低的區域（活躍程度下跌大約百分之二十五）是前額葉皮質區，這也是我們用來做最高級資訊處理（像是計畫、邏輯思考、解決問題）的區域。巴爾金說：「這些區域最先入睡，也最後回到崗位。」

這些區域的活動減退，伴隨著血清胺和正腎上腺素的驟減，這兩種化學物質在我們清醒時幫助我們集中注意力，並且解決問題。然後，神經調節物質乙醯膽鹼（刺激天馬行空的聯想）大增，啓動了REM睡眠。在此事發生時，正子斷層掃描影像中會出現明顯的驚人轉變，布勞恩相信這一切解釋了許多作夢時的現象；慢波睡眠時活動減少的全部區域，在此時都重新活躍起來，只有一個區域除外：前額葉皮質中掌管邏輯和推理的區域，那是人類在演化中最晚獲得的技能。這個部分的不活躍，足以解釋爲什麼夢中的時間感和空間感通常亂成一團，還有爲什麼我們無法察覺實情；我們不會質疑死去的祖父爲什麼穿著武士的鎧甲開計程車。

由於平常指揮我們思考的腦區此時處於休息狀態，我們在夢中體驗到的「現實」有時可能是一個幻影幢幢的世界，很像是精神分裂症患者意識清醒時體驗到的。事實上，隨後的腦部造影研究顯示，夢境的功能性結構幾乎跟精神分裂症患者的病徵是一樣的；最大的差異是，在作夢者身上最活躍的部分是視覺空間系統，然而在精神分裂症患者身上最活躍的卻是聽覺語言系統。無怪乎幻覺性病患通常聲稱聽到指導行爲的聲音。

然而最驚人的是，布勞恩和巴爾金的正子斷層掃描結果顯示，腦部的某些特定部位在

REM期比清醒時還活躍。主要視覺皮質（我們從外界接收視覺資訊的入口）在此時被關閉了；正因如此，在早期夢境實驗中眼皮被貼成睜眼狀的睡眠受試者，才沒有把眼前晃動的物體影像整合到他們的夢境裡。但是涉及製造心像和辨識面孔的視覺聯想區域極度活躍，遠遠超越清醒時的正常水準，讓夢中的影像在視覺上豐富萬分。布勞恩和巴爾金也看到前額葉皮質的某一區活動有增加，當清醒受試者根據記憶中的一連串事件編故事時，這個腦區就會亮起。布勞恩推測，此區域在作夢時的活躍，反映了腦部嘗試把視覺影像組成敘事型態。

這個腦區讓我們能依線性順序排列記憶，並且把現在正在進行的事件暫時儲存在短期或工作用記憶中；此腦區在REM期間不運作。他說，雖然如此，參與長期記憶形成與提取的腦部結構，實際上比我們清醒時更為活躍，這創造出一個理想狀態，讓REM能夠在長期記憶過程中，扮演關鍵性的角色。「REM可能提供了一個環境，讓長期記憶的印記可以在腦區『離線』的狀態下獲得處理，加以固化或者刪除，在此同時腦部並未積極處理REM期之內所產生的資訊。」

長期記憶處理中樞大肆活躍，但在此同時，在工作用記憶裡儲存現有經驗（夢本身）以備日後提取的腦區，卻並不活躍，這種弔詭的狀況有助於解釋我們為何能輕鬆記得早上八點吃的早餐，卻很難記得早上四點鐘的夢。布勞恩主張，夢的內容實際上是在腦子裡編碼了，一如下列事實所示：如果我們在白天看到或者感覺到跟昨晚夢境相關的事物，我們就可以自動想起一個夢的片段。我們貧乏的夢境回憶，真正反映的是：我們提取記憶的能力有缺損。

然而最重要的是，布勞恩和巴爾金發現，我們感受到強烈情緒、或者渴望得到欲求之物時激發的腦區，在REM期也比清醒時更加賣力。在此全力運作的就是邊緣系統，這裡是腦部長期情緒記憶的中樞。當我們在作夢的時候，情緒似乎是方向盤後面的駕駛，腦部的注意力導向與決策機制則在後座打瞌睡。比利時列日大學的馬蓋及其研究小組，在他們所進行的腦部造影研究裡也看到了同樣的結果。馬蓋做出結論，杏仁核（此處產生身體的「打或逃」反應，還有其他強烈的情緒反應）和其他皮質區的放電模式，為REM期間的記憶（特別是受情緒影響的記憶）處理提供了生物上的基礎。

至於實際上到底是什麼觸發了作夢，正子斷層掃描還無法給這個問題清楚的答案。在霍布森的理論模型中，腦幹的腦橋區是產生夢的關鍵所在，此區在REM期的活化確實意義重大，但在索姆斯理論模型裡，舉足輕重的前腦動機區也同樣活躍。

對於正子斷層掃描帶來的大量新資料，霍布森的反應是大讚腦部造影技術的進步，讓人有可能描述REM期中的大腦活化模式。他體認到各種腦部造影研究的一致結果，讓他必須重新思考他的模型，所以特別提到「夢中情緒可能是夢境情節的初步塑造者，而不是扮演煽動夢境情節的次要角色」——「次要角色」一說是他本來提出的想法。他指出，雖然夢境情節的焦點從作夢者的失落感轉變成錯過一班火車、沒有適當的證件或衣著不當，這些情節都符合在背後推動一切的情緒；在這個狀況下，最有可能的推動力就是焦慮感。而他也觀察到，快速累積的證據指出非REM和REM睡眠兩者都有助於學習和記憶，過去他的模型中並未加入這個特徵。

他把握住造影研究中的證據——在清醒與作夢意識之下有相當不同的機制——來支持他所追尋的神聖目標：這證明了腦和心智是同一的，我們的意識狀態，就只是腦內化學物質和某一刻剛好活躍的神經連結所構成的特殊混合。他說：「剛入睡時與外在世界開始失去接觸的狀態，還有此時稍縱即逝的入睡期混亂影像、夜晚初期睡眠造成的深刻無意識遺忘狀態、以及深夜夢境中引人入勝的幻覺場景，全都在大腦生理學上有著意義非凡的強固基礎，幾乎可以確定下述想法無誤：我們的意識經驗是腦，亦即心，對其自身生理狀態的覺察狀態。」

他甚至構思出一個新的模型，用以解釋我們週期性轉換的意識狀態；他指出既然不能再把REM睡眠等同於作夢，就不再可能把清醒視爲一種單一狀態。先前意識被劃分爲幾種狹窄的範疇：REM睡眠、非REM睡眠以及清醒，這種區分並不適於描述人類實際上經歷的許多種變化——從做數學計算所需的專一思緒，到精神分裂症患者或LSD使用者醒著經歷的幻覺都包括在內。在霍布森的新模型裡，有三種變數決定我們在任何時刻的心智狀態。第一個變數是腦部整體的活躍程度（以腦波圖的測量值爲基礎）。第二個是某一心智狀態下，神經調節物質的特定混合。而第三個則是：腦部是在處理來自外界的資訊（就像警覺、清醒意識狀態中所做的），還是從內部產生資訊（就像作夢時、或者閉上眼睛安靜沉思時會發生的）。

對於索姆斯的研究，霍布森讚揚這位神經心理學家的貢獻：運用「以中風的形式所進行的自然實驗」，把腦損傷處跟作夢過程的改變連結在一起，爲「前腦如何參與建構夢境」這問題提供解答的方向。他邀請索姆斯到哈佛來向他的研究小組發表一篇論文。索姆斯對霍布森和他的同僚印象很好，也邀請霍布森跟他一起到紐約精神分析中心，針對夢做演講。不久後索姆斯接到來自霍布森的信息，說他很樂意接受索姆斯從腦傷研究中得到的證據，但如果索姆斯有意嘗試以這個研究來支持佛洛伊德夢境理論，「我們就必須在此分道揚鑣了」。

索姆斯說：「在那之前，他面對科學的態度顯得如此正確，讓我感到又驚又喜。我不知道爲什麼他對精神分析的看法那麼偏執，不過精神分析對他來說眞的就像是惡魔一樣：如果你提到佛洛伊德，他就會拿出他的十字架。這樣實在很不幸，因爲這種態度讓他的視野有了盲點。」雖然如此，批評者堅稱，索姆斯有他自己的佛洛伊德迷思，因爲他在精神分析社群中很活躍，又是佛洛伊德全集的編輯與翻譯者。

不管怎麼說，布勞恩的研究成果證實了索姆斯的許多假設，這讓他深受鼓舞。「如果你細看正子斷層掃描影像，你就會看出，在我們最有可能作夢的時候，腦部處理記憶、視覺空間影像，還有動機的相關部位，以及所有跟哺乳類情緒生活相關的全部結構，都亮得像棵聖誕樹似的。如果你把這些跟我的腦傷研究拼在一起，而且猜到這裡到底發生了什麼事，你就會說這是一種刺激與情緒強烈的認知形式。這種認知形式跟記憶有關，而且不是由通常會給行爲加上理性、文明虛飾的自省結構所引導。」

雖然新的科學證據未能證實佛洛伊德是正確的，索姆斯仍舊主張，至少跟佛洛伊德的許多想法可以並存。隨之而來的結果是：霍布森跟索姆斯爲了佛洛伊德和彼此相左的夢境觸發理論，持續進行著唇槍舌戰。就本質上來說，這場戰役的高峰早已在兩造之間醞釀數十年，一邊是神經生理學家，另一邊則是一些心理學家和精神病學家——他們對於夢境內容與充當精神治療工具的夢境分析很有興趣，卻被許多人視爲無稽之談。數十年來，神經科學家都認爲精神分析是不科學的，而心理治療師卻認爲大多數的神經科學太過簡化，因爲其中排除了精神面向。神經科學家對於我們「如何」作夢很感興趣，心理學家卻把注意力放在我們「爲什麼」作夢。

索姆斯論證，既然新證據逼使霍布森修正作夢的理論模型（多年來他正是以此公開摧毀佛洛伊德的理論），他現在應該願意承認佛洛伊德至少有一部分是對的。霍布森修改了他的理論，以便解釋複雜腦部結構在作夢時扮演了更活躍的角色，但他仍然堅持，不管是索姆斯的資料還是腦部造影研究，對於佛洛伊德的觀念——夢的意義經過審查或僞裝，或者說作夢透過自由聯結怪異夢境元素的方法，提供了某種通往無意識動機的特殊管道——無法提供「任何一點小小的支持」。他也無法容忍索姆斯把大腦搜尋系統在創造夢境時所扮演的角色，跟佛洛伊德的想法（夢等於願望的滿足）扯上關係。「在夢中，我有一半時間要從某些東西旁邊逃開。那叫做滿足願望嗎？佛洛伊德是很難除魅的。用這種方式思考，現在成爲我們文化中的一部分了。」

他堅持REM睡眠和夢兩者，都是由腦幹的腦橋所產生，但作夢實際上可能只是REM

睡眠的意外副產品，他暗示REM睡眠可能有自身的功能，像是調節體溫、維持免疫系統運作、在血清胺與其他神經調節物質之間執行關鍵性的平衡作用。如果作夢確實只是腦部進入另一種狀態，促進其他純粹生理功能的需求而產生的副產品，「夢的內容可能就無關緊要，只是告訴我們某人如果陷入狂亂時，可能會有什麼樣的心理狀態。」霍布森在一九九九年爲索姆斯編輯的一份期刊寫下這篇文章，那份期刊的主要讀者是精神分析學家。他在這篇文章裡禁不住要干犯佛洛伊德派想得到的每樣忌諱，最後總結如下：「在這個意義上來說，以無意識動機來解析夢境，大概就跟解析酒精上癮者在震顫性譫妄狀態下的胡言亂語沒兩樣。」

對此事最客觀的洞見，或許是布勞恩發表在同一期刊上的一則評論。布勞恩同意索姆斯的看法，作夢大腦的造影地圖在幾處重點上與精神分析理論相容。情緒與長期記憶系統在理性思維中樞打瞌睡時強力放電，這個事實可以被看做是佛洛伊德術語中的「自我」放棄掌控，讓無意識得以自由戲耍。而動機區的活動可以支持佛洛伊德的觀念：夢是以我們最基本的內在驅力和願望作爲動力。然而布勞恩論證，既然腦部創造象徵的部分（前額葉皮質）不在工作狀態，夢境的內容就不可能反映受到管制無意識的欲望，也不可能透過需要仔細解碼和詮釋的象徵來做僞裝；在此他和霍布森站在同一陣線。他說：「我想你可以直接引用夢的表面內容，也就是佛洛伊德所說的『顯相內容』，來做自我治療或者心理治療，但不需要任何解析，因爲沒有任何東西是經過僞裝的。」

布勞恩簡單地總結他對霍布森和索姆斯之爭的看法，在他的評論中說道：「稍退一步，我看到的景象如下：霍布森，一位老練的生物心理學家，現在反對化約論，熱烈擁護主觀意識經驗的研究。索姆斯，一位精神分析學家，嘗試以神經化學詞彙來重新打造動力心理學。在我聽來，這些紳士似乎正朝著一個共同立場逐步接近中。或許從中作梗的，就只有佛洛伊德的鬼魂。」

僅僅兩年後，命運就帶來了比小說還戲劇化的轉折；霍布森本人變成了「自然實驗」的對象之一，索姆斯的神經解剖學夢境研究正是以這些自然實驗爲基礎。二〇〇一年二月，霍布森與妻子在法國南部旅行時發作了一次中風。很諷刺地，受損的部位只有腦幹：腦的這個部分，正是他畢生大半研究的焦點。他的妻子莉亞是一位神經學家，她看出他突然的吞嚥困難和其他早期症狀，正是中風的病徵，很快把他送進摩納哥的葛莉絲王妃紀念醫院，他在那裡住了十天，才由醫療運輸機送回位於波士頓的布萊根婦女醫院，距離他的神經生理學實驗室只有一街之遙。

霍布森一直是好奇心重的科學家，他在住院期間變成了自身狀況的觀察者，他在日記裡口述當時的認知狀況，其中記錄的常常是清醒的夢魘。因爲中風範圍限於腦幹，他沒有發生長期的認知障礙。但他的腦幹損傷有一項很驚人的直接後果，就是在摩納哥的十天住院期裡，他完全無法睡覺。

「最糟糕的時刻是晚上，因爲通常從晚上七點到早晨七點爲止，我是獨自一個人，而且連一秒都睡不著。我就只是醒著，我的心智整夜都在黑暗中活躍著。」他在失眠第六天的口述筆記裡這麼說。當然，夢也停止了。相反地，當他閉上眼睛的時候，就算只是暫時閉一閉，他都會看到他身體上方蓋著一個圓頂，他會從上面看到投射上去的種種幻影，地質模型、毫無生氣的雕像，還有支離破碎的人體部位。他也有嚇人的幻覺經驗，在其中他感覺到自己正被人彈射到半空去，他在日記裡如此描述：「我實際上正以極高速度在空中移動了至少一百公尺，這種幻覺這麼具說服力又這麼可怕，以至於我對自己說：『死亡就像這樣子吧。』」

直到中風後三十八天，霍布森才做了第一個他所謂「鮮明、持續的夢」。在那個夢裡，他跟他太太出國旅行，然後發現他太太從他珍藏在維蒙特州周末度假小屋裡的一樣工具上，取下一個鑽頭交給另一個男人。霍布森在日記裡描述這個夢時說：「這對我來說顯得很奇怪，她居然問都不問我一聲，就把我最寶貝的工具給了陌生人。我覺得既惱火又擔心。」在夢裡，他太太對他透露她必須有自己的祕密生活，而那個夢剩下的大半時間裡，他都一個人遊蕩著，無法找到她。

雖然，這個夢包含一些顯然很適合佛洛伊德式分析的元素，霍布森卻觀察到：「我不需要這個夢來告訴我，我擔心健康受損之後是否還能跟妻子保持原有的關係。這是一種很強烈的情緒，從中創造出整個場景。是情緒在進行整個夢境表演。」他辯道，說他宣稱夢沒有意義的那些人誤解了他。「夢中的意義多得很，但夢境並不需要被詮釋。作夢就是作夢，或許出於某些理由，夢在剛出現的時候顯得比應有的程度還接近佛洛伊德的想法。其中必定發生了某種記憶的重新建構，但並不是什麼你無法處理而埋藏在內心深處的東西。有可能恰恰相反：在作夢時，我們正是試圖整合並處理情緒所帶來的困擾。」

霍布森從他的中風經驗裡得到這個結論：索姆斯的「發現重新開啓了舊有的辯論：腦幹與前腦結構在夢的神經起源上有什麼樣的相對重要性？」至於REM睡眠和作夢之間的互相關聯性，霍布森已經在一九八八年體認到，至少百分之五的非REM夢境跟REM夢境幾乎無法分辨，而且現在他如此概括他的立場：「類似夢的心理歷程在所有狀態下都會發生，但REM是研究夢境的最佳狀態。」

然而，到最後霍布森回歸他自己對夢境如何產生所持的基本立場：「一旦我開始痊癒，我的腦幹恢復支援感覺與運動功能的能力，我的夢也恢復了。我毫不懷疑，正常的夢需要正常運作的前腦，對前腦的重傷害導致夢的消失，這種消失還可能是永久性的。但基於我個人的經驗，我也毫不懷疑，只要腦幹功能有問題，正常的前腦就無法維持正常的作夢。」

就索姆斯這方面來說，他退一步承認：佛洛伊德認爲夢經過僞裝與審查的看法可能有誤，他也注意到夢的怪異性質可能只是基於一個理由：腦前額葉沒有執行正常的決策執行功能。但他確信，是前腦的動機迴路——而不是腦幹——觸發了作夢的過程。確實，從全世界研究人員一次又一次的研究裡可以明顯看出，有壓倒性多數的夢（特別是我們能清楚記住、講給別人聽的那些）是發生在REM睡眠中，很可能是因爲這個階段讓腦部整體處於高度活躍狀態，這對於夢的創造來說是一個先決條件。但是，這樣的夢境也可以發生在其他睡眠階段，雖然頻率較少。索姆斯已經著手某些腦部造影研究，以指出哪些腦區在非REM夢境中活躍，而這樣的證據有可能在最後解答到底是什麼觸發夢境。

在佛洛伊德之爭可能接近尾聲時，關於夢境還有另一個長期未解決的問題，繼續在研究人員之間成爲熱烈爭論的主題。作夢有任何生物性的目的嗎？許多在其他夢境問題上看法懸殊的科學家——像是霍布森或富克斯——主張夢只是其他演化發展過程的意外副產品，它們本身缺乏任何特定目的。我們湊巧週期性地經驗到高度的腦部活動，而當這種現象發生時，我們的神經網絡禁不住要處理資訊、編造故事，因爲，那就是它們所被設計來要做的事。像巴爾金這樣的研究者更進一步論證，夢境發生的這些放電期，實際上只有一個簡單的生物性目的：保持神經網絡協調，以便讓腦部做好準備，在有必要時回歸徹底警覺的清醒狀態。

不過，還有另一個科學陣營堅稱，REM睡眠演化出來的理由對於哺乳類的生存來說很關鍵；所以說，夢本身就有多種重要的生物功能。來自近期研究的大批證據指出，支持這個觀點的線索實際上就在我們眼前——就在夢的內容裡。

第四章 夢的生物功能

夢，絕對不是設計要讓人記得的，但對於我們的自我認同來說，卻是關鍵。

——溫森

東霍夫頂著剃得閃閃發亮的光頭，在人群之中很容易一眼望見。這位穿著丹寧布工作服、態度悠哉的心理學家，在一場新英格蘭地區舉辦的夢境研究研討會裡做了一場報告，說明如何運用他的統計程式和搜尋引擎（上網即可取得）作爲工具，蒐集、分析研究用的夢境報告。他所建立的網站，DreamBank.net，包含了超過一萬一千份報告，包含了某些人橫跨數十年的夢境日誌，還有來自青少年、兒童和失明男女的夢境。

東霍夫是加州大學聖塔克魯茲分校的心理學家，他的專長在於內容分析，這個科學方法是用來處理一項很基本卻很重要的工作：精確地描述我們實際上夢到的是什麼。檢視夢境看起來像什麼、它們可能會如何隨著時間改變，還有在全世界不同文化中夢境內容有何異同，能夠提供精采的線索，有助解答夢如何演化的問題。對於作夢的演化史取得更多資訊，就能反過來提供一些洞見，了解夢的目的（如果有的話）是什麼。

有許多資訊是透過內容分析而來；內容分析的先驅是東霍夫的老師，霍爾。霍爾是一個很有創意的科學家，在一九四〇年代，他首先開始收集夢境報告，對象是凱斯西儲大學的大學生，他是該大學的心理系系主任。他所做的不是分析夢境、然後試圖解析箇中意義，而是只著重於以量化方式描述我們夢到什麼，還有哪些情緒最常伴隨夢境發生。在接下來三十年裡，霍爾拓展他的工作方向，收集小孩和大人的夢境報告，也包括人類學家從生活在世界各地傳統文化中的人身上收集到的夢境。霍爾在一九八五年去世時，已經累積出世界上最大、最具系統的夢境內容調查結果，是從他收集的五萬份夢境報告中抽繹出來的。他和合作者凡戴卡索一起發展出來的量化編碼系統，可以把夢境內容區分成幾個範疇；從北美洲、歐洲到印度、日本的研究者，都用這個系統來比較夢在不同文化間的差異、觀察女性夢境跟男性夢境相較之下如何，或者某人自己的夢如何隨著年齡增長而變化。

幸而有東霍夫的努力，霍爾的許多跨文化夢境比較資料在一九九〇年代中期首度開放讓大眾使用。這些結果顯示，不管住在什麼地區、過著什麼樣的生活，所有人的夢境內容相同處比相異處還多。在全世界，女性的夢境包含了等量的男性和女性角色，但男性的夢中有將近百分之七十的人物是其他男性。兩性的夢中，不幸之事都多於幸運事件，負面情緒也多於正面情緒，敵意多於友善的感覺，但男性在夢中發生的肢體衝突通常比女性多。兒童的夢裡鮮少出現敵意，但在青少年時期裡，這種元素會逐步增加。

生活在小型部落社會裡的人，肢體衝突通常在夢境內容中占最大比率，最高程度的報告來自澳洲原住民族群依尤倫，百分之九十二他們的夢是充滿攻擊性互動的；「攻擊性」的定義，從敵意、辱罵到實際攻擊他人財物都包括在內。可是，在他們研究過的工業化社會裡，美國人的攻擊性夢境比率最高，美國男性有百分之五十的夢境具攻擊性，瑞士男性則只有百分之二十九，荷蘭男性則是百分之三十二。「反映在美國人夢境中的肢體衝突，確實與下列事實相符：在我們的社會中，人互相殘殺的頻率比瑞士人或荷蘭人來得高。」東霍夫這麼說。

在我們的夜間戲劇中，主角幾乎永遠是作夢的那個人，但我們大約有百分之九十五的夢也牽涉到其他角色。剩下的卡司是由人、動物和神話生物組成，成人大半時候夢到的就是其他成年人。對於兒童或住在較原始社會裡的人來說，動物在夢中會有比較顯著的角色。家或者其他建築物是最常見的夢境布景，汽車或者其他交通工具也經常冒出來，成爲夢中行動的場景。在REM睡眠期間，大多數的夢都充滿移動，特別是走路或者跑步，其他睡眠階段中的夢動作就比較少。

流行觀念中認爲，夢裡塞滿了與性有關的經驗——這種想法一部分起於佛洛伊德的觀點：所有的夢都是爲了滿足願望，特別是本質上與性有關的願望——但這種流行觀念大半都只是人清醒時一廂情願的想法。霍爾與凡戴卡索的內容分析資料指出，性活動只有在不到百分之十的夢裡出現，同時其他研究顯示不到三分之一的夢裡有明顯的性內容，男人在其中比較容易夢見跟陌生人做愛，女性則傾向於以認識的人做爲夢中伴侶。在大學生的白日夢和夢境報告中，性似乎就變得比較重要，這或許不太令人意外。老練的夢境研究者迪蒙特詢問一群大學生，如果他們可以控制夢境內容，他們最想夢到什麼，百分之九十五的男性說他們選擇發生性關係（很諷刺的是，只有百分之五的女性給出同樣的答案；女性比較喜歡以冒險和羅曼史做爲重點）。而在二〇〇二年針對加拿大大學生進行的一項調查中，主持者問他們最常夢見什麼，性經驗的排名坐二望一，百分之七十七的學生說性是經常出現的主題。

霍爾和凡戴卡索的夢境內容分析系統，基本上把夢境報告視爲一個故事或一齣劇本，在其中可以區分出許多範疇，包括角色、背景、物件、社會互動的類型、活動、成功或失敗、不幸或好運，以及來自過去的元素。這個方法衡量了各種元素在一份夢境報告裡出現得多頻繁；這套方法以下列預設爲基礎：發生頻率揭露了個人對於某特定角色、活動或互動關係，有多少興趣（或者有多關心）。爲了偵測出在統計上有顯著性的任何差異，對個人或特殊群體的夢境做量化分析的結果，隨後會跟霍爾所建立的平均值相比；這些標準是霍爾根據數千個編碼過的夢而建立的。舉例來說，在一個比較男性精神分裂症患者和健康男性的研究中，精神分裂症患者的夢中人物有相當顯著的比例是攻擊者，而包含成功互動、或者至少一次友善互動的夢境比例遠低於平均值。

內容分析也顯示，一個人的夢境長期而言有著明顯的連貫性。這也指出我們的夢境情節跟我們的清醒生活之間，有驚人的連續性。在二十世紀後半，雖然主流文化的變動頻仍，這段時期中的美國大學生夢中生活相對來說還是保持不變。檢視個別受試者多年來的夢境日誌，更進一步地指出：我們在不同時刻的作夢內容顯然具連貫性。舉例來說，有一位被霍爾稱爲陶樂西亞的女士（爲了保護隱私，自願提供夢境報告的人都會有一個假名），她從二十五歲（當時爲一九一二年）起持續寫到七十六歲的夢境日誌，提供了超過五百份夢境報告。運用內容分析來檢視這些夢，他發現有六項元素在這五十年間以同樣的頻率出現。舉例來說，每六個夢裡就會有一個牽涉到失去某物，通常是她的錢包；百分之十的夢裡，她處於狹小或混亂的房間裡，或者置身於有其他人侵入的房間中；還有另外百分之十集中在作夢者和她母親的互動上。在每十六個夢境中會有一個以遲到、錯過巴士或火車爲主題。對於一輩子獨身的學校老師陶樂西亞來說，唯一隨著她年歲漸長而顯著增加的主題，就是被排擠在外或忽略。其他在安養院裡針對老人家所做的夢境研究中，也顯示出同樣的主題：主要是對於失去控制、缺乏資源的既有恐懼感。

有時候一個夢境情節的特徵會重複出現，是因爲其中脈絡夾藏著某一種情緒。舉例來說，有一個共同夢境主題是：在沒上過課也沒讀過相關教科書的狀況下，卻要去考試。這種主題的變奏可能是發現自己在舞台上演戲，但是你從沒讀過劇本；或者人站在講台上要發表演講，對於你要講的內容既沒有筆記也沒有任何頭緒。這些處境的共同主軸，當然就是驅動夢境的那股情緒：對於毫無準備的焦慮。我們自身在清醒生活中的經驗，會製造出該有的夢境情節：對於演員來說就是戲劇布景，對於學術界人士或者政治家來說，或許就是講台。

運用內容分析方法把某人的一連串夢境跟平均值做比較，然後找出長時間內的任何模式改變，也顯示出東霍夫的主張有其道理：充分的採樣收集夢境，能夠精確反映出作夢者在清醒生活中所關心的事物和人際關係，而不必訴諸於象徵符號、或者搜尋夢境報告以外的其他資料。他在自己的著作《夢的科學研究》中所描述的案例裡，有個他稱爲馬克的年輕男性，他記下了高中畢業那年夏天的四十個夢、另外二十個大學一年級時的夢，還有五十個大學畢業後一年內的夢。在馬克的一連串夢境中，男性角色占比低於女性角色甚多：百分之三十八是男性，百分之六十二是女性，這跟一般男性的平均值（夢中男性角色占百分之六十七，女性角色占百分之三十三）幾乎完全相反。這些夢中熟人角色跟陌生人角色相比，比率高於平均值，夢中的攻擊性情境則低於平均值。

東霍夫說，結果證明馬克的夢境所具備的不尋常特色，確實合乎他在清醒生活中的環境狀況。馬克的父親在他年少時就死了，他僅存的近親就是他母親和祖母。他大部分時間都跟一小群密友在一起，她們幾乎全部是女性，他自己則是一個非常低調、沒有攻擊性的人。「馬克對我們來說特別有意思，因爲就我們的編碼系統篩選的方式而言，他是非典型的男性。」東霍夫說。

東霍夫同意霍爾的結論，從本質上來說，作夢是腦部在生理睡眠狀態下運作時所採取的思維形式。如同霍爾所說的：「雖然影像是觀念在夢中能合理表達的唯一手段，在清醒生活中，像是字詞、數字、手勢和圖畫等其他媒介都能被用來當成表達個人想法。」他把夢境看作是「以高度私密的方式，展現作夢者的思緒」，並且說，夢的重要性在於它們有能力點明

「某個人是怎麼看待他生命中的基本困境」；跟作夢者清醒時對相同議題的看法相比，夢這種形式比較少受到扭曲，也比較深入。

瑞士夢境研究者史卓奇，針對九到十五歲之間男女孩童的夜夢和白晝幻想做了一項研究，他運用霍爾與凡戴卡索系統來檢視夢境內容，發現在白日夢和夜夢之間有個有趣的差異，可以支持霍爾的論點。在白日夢裡，兒童傾向於在攻擊性或友善的互動裡都採取主動，但在夜夢裡，他們更常成爲敵意之下的犧牲者，或者善意行爲的被動接受者。史卓奇做出結論，「在我們的研究中，兒童在夢中描繪的自己就是他們在日常生活中的樣子，但在他們的白日夢中，他們會把自己想像成他們想變成的樣子。」另一個顯著的區別，在於四分之三的睡夢包含了某些異常的元素，但白日夢卻更貼近現實，其中的怪異特質低於三分之一。

但是，夢中這些看似古怪的組成元素，可能源於腦部運用譬喻性思考的傾向。腦部利用我們在日常思考時所使用的同一種能力——製造暗喻的能力——在夢中創造出視覺影像和行動，表達我們的情緒和隱憂。現今研究清醒思維的認知科學家，不只是把譬喻性語言視爲言詞的一種豐富潤飾，而視之爲基本思維過程的一個重要部分；要對自我和世界形成概念，譬喻性語言極爲必要。從童年開始，我們就以自身經驗的具體要素結合成概念性的譬喻，用以表示更抽象的概念。任教於加州柏克萊的頂尖語言學家兼認知神經科學家雷可夫主張，我們有一套範疇廣闊的隱喻系統，屬於我們日常概念系統的一部分，幫助我們架構出清醒時的思維。爲了闡明他的論點，他引述了各種形容人際關係的隱喻，原先都是來自旅行這種活動：

「我們碰上死胡同了；看看我們已經走得多遠了；我們或許必須分道揚鑣；我們只是在原地空轉；或者我們正站在十字路口上。」

以譬喻性方式處理資訊的類似狀況如此之多，或許可以解釋夢的某些不尋常特徵；就是這些特徵，讓夢裡發生的經驗得以和「眞實」世界裡的生活有所區隔。現在讓我們來看看某些比較容易被記住的夢中場景，多數人總是會夢見一兩次。在東霍夫指導的兩項大學生調查中，有超過一半接受調查的人報告：曾經夢到能夠靠自己的能力飛翔。這些一般被視爲愉快經驗的飛行之夢，可能是腦部利用隱喻把快樂概念化的一種方式，因爲我們在清醒的時候，也用同樣的隱喻來表示興高采烈——我們簡直高興得飛起來了、覺得似乎騰雲駕霧、樂得上天了。另一個是大約一半受訪者表示有過的常見夢中場景，赤裸裸或者衣著不當地出現在公共場合——這個主題通常在我們的青少年階段首度出現。「光著屁股被逮到」（意指非常困窘），只是在我們日常談話和思索時會冒出來的其中一種相應隱喻，用以表達在那些夢裡也會反映出來的尷尬與焦慮。

許多屬於這些類型的夢都落入一般人稱爲「普遍之夢」的範疇——無論受試者來自何時何地，都會回報的共同主題。有一份二〇〇二年調查，有將近一千兩百位來自加拿大三個城市的大學生報告他們最頻繁的夢境主題，來自蒙特婁聖心醫院睡眠研究中心的尼爾森和薩德拉分析調查結果時發現，有幾個主題是最常見的；這個結果不只出現在最近這批年輕男女身上，還出現在一九五〇年代對類似族群所做的調查中——雖然中間經過了四十年的社會文化變遷。在加拿大的調查裡，四個最常見的跨時代主題是被追逐的夢、墜落之夢、關於學校場景的夢，或是關於性經驗的夢。在這個調查中，最常被憶起的童年夢境又是被追逐的夢，緊跟在後的是作夢者一再嘗試完成某項任務的場景——這確實是兒童清醒生活中的一項特徵，他們每天都在吸收新的知識和技能。飛翔之夢和墜落之夢也在前四名之列。某些夢境主題雖然不是出現頻率最高的，作夢者也認為它們跟最常做的夢一樣重要。舉例來說，有關某人死而復生的夢、或者作夢者生活中的某人死去的夢，雖然不是最常見的，也被列為對個人極端重要的夢。尼爾森提出警告：我們聲稱回憶起來的夢，可能沒有精確反映出我們實際上最常做的夢，所以在未來的研究中每天對夢境內容做取樣，將有助深入了解哪一種夢境是最典型的，還有哪些夢境或許能算得上是具有普遍性。

雖然光著身子、墜落或者飛翔的夢可能特別難忘，內容分析以及尼爾森所做的那類調查一致揭露，被某人或某物追逐是我們在夜間的戲劇體驗裡最常看到的。不管生活在什麼地區、什麼時代，這個主題在作夢者中最為普遍，實際上這一點被拿來跟夢的演化連結在一起。

有愈來愈多的證據支持某種關於人類作夢過程演化的理論，這個很有吸引力的理論是在一九八〇年代由溫森所提出的；他是一位航空工程師，轉行到神經科學是因為他開始把解開大腦之謎視為工程學挑戰的極致。當動物在清醒時刻從事任何對生存很重要的活動時——像是貓跟蹤獵物，或是兔子在天敵出現時會變得極端警覺——海馬迴（對記憶形成很重要的一個結構）中的腦細胞，會開始每秒鐘規律地放電六次，這種獨特的模式稱爲θ波，溫森對這個事實非常感興趣，他在他位於洛克菲勒大學的研究室裡詳細地研究這種波。除此之外θ波只會出現在REM睡眠中，因此溫森假設，對於處理動物求生的關鍵資訊來說，這個階段很重要。他相信，了解REM如何演化至今，也有助於了解人類的作夢過程。

尋找演化上的線索時，他發現針鼴這種特殊的哺乳動物有個獨特的睡眠模式：牠並沒帶θ波的典型REM睡眠週期。在更晚近的研究中，加州大學洛杉磯分校的席格發現，針鼴的睡眠狀態「看來介於REM和非REM睡眠之間」。實際上，針鼴在許多方面都是個特例：牠是原始時期的現代殘存者，因爲牠是一種被稱爲單孔目動物的產卵哺乳類，單孔目是從爬蟲類演化出來的第一批哺乳動物。今日我們更常見的哺乳類是在大約一億四千萬年前從單食物來源的孔目裡分支出來，因此溫森架構了一個理論：大多數動物身上存在的REM睡眠，也是在那個分裂發生的同時出現的。此一發展標示出世界上第一個夢境的出現。

溫森主張，在REM發展出來之前，原始哺乳類必須當下處理剛收到的求生相關資訊，像是食物來源的位置或者避開天敵的路徑。這種新資訊必須跟先前儲存在前額葉（腦部的計畫和決策系統）的資訊整合，隨後就能夠對腦中的未來行爲模型做任何必要的調整。舉例來說，如果吃池塘邊灌木叢裡的紅色漿果會讓某隻動物在當天生病，這則資訊就必須在記憶和修正行爲的心理藍圖中編碼，以後這隻動物就能避開這些漿果。

但是一邊固化記憶，一邊在掌控未來行爲的腦神經網絡中做出相應調整，同時還要保持警覺、並且採取行動回應外在世界變動的狀況，這樣的操作模式比較沒有效率；把針鼴的原始行爲和貓、猴子甚至老鼠更高度演化的行爲相比時，其中的落差更能彰顯這點——而且貓、猴子跟老鼠看來都會作夢。

溫森相信，之所以發展出REM睡眠，就是爲了讓這樣重要的記憶處理過程在「離線」休息狀態下發生。在實際效果上來說，REM睡眠讓前額葉皮質能發展出比爬蟲類，或者較原始的哺乳類（如針鼴）更進步的知覺和認知能力。他指出更進一步的證據：有典型REM睡眠的哺乳類大腦和針鼴的腦之間，有一項解剖學上的差異；針鼴迴旋狀的前額葉皮質跟腦內其他部位相比，比例上比其他哺乳類（包括人類在內）大得多。如果REM睡眠沒有出現，成爲自然界用來整合新的經驗和先前記憶的創新「離線」工作方法，從貓、猿類到人類等物種就沒辦法發展出更高等的認知能力，因爲前額葉皮質必須肥大到超越頭顱的容量。如同溫森所指出的，如果人腦保持跟針鼴類似的組成方式，「他可能就要用一台手推車來推著腦子到處走了」。

REM睡眠還有另一個生物功能，跟溫森對作夢何時演化出來所提出的理論相符；法國的夢境研究先驅朱費指出了這一點。他提出他的看法：這個多夢的睡眠階段有助於建立基因編碼的行爲，這種行爲增加了生物體的生存機率。有趣的是，非REM睡眠只有在哺乳類從爬蟲類演化出來的時候才出現。溫血動物保持恆定體溫的新能力，也讓牠們必須節省能量，這似乎是睡眠的普遍性功能之一。缺乏睡眠，就無法確保溫度控制。但在作夢時，腦部運用的能量多於清醒時刻，而且身體處於癱瘓狀態，哺乳類在睡眠中受天敵侵襲的可能性因此增高。所以，REM睡眠也必須具備某種明確的生物適應優勢。孵蛋的爬蟲類進入這個世界時，就發育充分到足以靠自己生存，然而多數活胎產的哺乳類要達到自立的境界前，卻要面對一個險峻的學習過程。會作夢的睡眠提供了一條途徑，加速那個學習過程，並且提高哺乳類的生存機率。那能夠解釋爲什麼人類胚胎幾乎把所有時間都花在REM睡眠上，而且新生兒在他們每日長達十六小時、甚至更多的睡眠時間裡，有一半都是REM睡眠；這樣做加速了他們的神經系統成熟。而且這也合乎事實：幼仔出生時較能自立的哺乳類，像是海豚，牠們的REM階段分量最少；而像負鼠這種哺乳類，幼仔出生時較不成熟、較無助，就有最高量的REM期。一項對早產兒的研究顯示，在早產十周的嬰兒身上，REM階段占了整體睡眠的百分之八十，而早產僅二到四周的嬰兒則有百分之五十八的睡眠是處於REM階段。在史丹佛大學實驗室裡展開職業生涯的夢境研究者拉貝吉表示，當新生兒在他們睡眠中微笑時，你可能正好看見這種腦部神經線路布置的動態過程。他們在不知不覺中建立了一種技巧，以後會幫助他們進行未來的社會互動（包括獲得配偶），而且是在他們醒著表現這種行爲之前，就建立了這種技巧。

把這些證據拼合起來以後，許多研究者做出結論，在REM期同樣發生在動物與人類身上的某些事情，就是腦部確實在布線。REM睡眠中緊湊的神經活動對於建立神經迴路、並且傳遞生存所需的基因編碼資訊（狩獵、交配及其他重要活動的指示）來說，可能是必要的。這個研究者設想中的REM睡眠目的，是極少數受到跨物種證據支持的目的。

簡而言之，人類的作夢能力是從較低等生物的某個機制繼承而來；在這些低等生物身上，編碼在基因中的生存相關資訊，還有從日常經驗得到的關鍵訊息，都是在REM期的腦部做處理的。作夢及其來自早期哺乳類的根源是一致的，因爲夢的內容主要是感官知覺（特別是視覺）而非口語的。根據溫森的說法：「在人類身上，夢是一扇窗戶，可以看見神經處理過程怎麼出現的，從童年早期開始，行爲策略就已被確定、加以修正或者加以考慮。」

當然，人類的夢比動物的夢還要細膩複雜得多，因爲我們的神經網絡所具備的複雜度，讓我們能敏銳地察覺我們的情緒、編造故事、運用語言，並且動用讓我們（在夢中）有連續感的個人歷史。雖然如此，根據芬蘭土庫大學認知神經科學家雷望索的說法，全世界的所有人類都傾向於經常夢見被追趕、或面對其他可怕處境，從中就可以看出夢在這種基本動物模型中的根源。雷望索的說法跟溫森的理論可以並列；他論證人類之所以演化出來作夢的能力，是作爲一種手段，可以讓大腦在睡眠所創造出的安全虛擬實境裡，模擬有威脅性的事件。他指出，在史前時代的環境中，人類與其祖先過了好幾萬年採集狩獵者的生活（實際上，百分之九十九的人類演化歷史中都是如此度過），生命中充滿了嚴重的生存威脅，多數人類因此活不過二十五歲。

在這種狀況下，要成爲壽命長到足以繁衍下一代的少數菁英，必須有足夠技巧察覺並處理那個時期的生存威脅——從獵食性動物、進犯的陌生人、環境中存在的危險到受部落排擠都包括在內。溫森所描述的「離線」生存技巧排練，在早期哺乳類身上隨著REM睡眠出現而發展出來，在人類身上更是發揚光大。雷望索說，對於這種避險技巧的夜間排練最爲嫻熟的人，最有可能在清醒的生活中逃過危險生存下來。簡而言之，善於作夢的人能夠活著把他們的能力傳遞給下一代。

如果雷望索的理論說得通，負責「打或逃」反應的腦部系統在作夢時就必須處於全力運作的狀態；而如同腦部造影研究一再顯示的，事實的確如此。但僅僅只是對生存技巧做心理預演，這些技巧都只是想像出來而非具體實現的，爲何能夠有效增進那些技巧呢？答案是腦部被愚弄了，相信它在夢境情節中下達的運動指令實際上已經被執行了。舉例來說，當我們在夢中被一隻老虎或者充滿威脅感的陌生人追趕、而且我們的腦部發出逃跑或者爬到樹上以求自保的命令時，睡眠時占上風的獨特生理條件會癱瘓我們的肌肉，免得我們執行命令；雖然如此，腦部卻能把那些運動指令的副本送到我們的感覺系統，藉此製造出行動的經驗。

「腦部因此接收到與發出運動指令有關的內部衍生訊息，並且計算了那些指令可預期的結果，」雷望索這麼解釋：「感覺系統並不知道肌肉並沒有眞正執行這些命令，因此動作的幻覺就產生了。」對於前腦，特別是運動皮質區而言，夢見逃跑或者爬到樹上避難，跟清醒時眞正做出這些動作是一樣的。雷望索說：「從經驗上和神經生理學上來說，夢見的行動是眞的。」

因此，不管我們是否能回憶起夢境，這些出現在夢中的求生行爲預演都可以徹底有效。

實際上，對於夢的演化根源與原始功能，溫森和雷望索的觀點也有助於解釋，為什麼人在作夢時的生理狀況顯然是設計來阻止回憶起夢境。

如同溫森所論證的，夢從一開始就不打算要被人記得，所以當我們確實憶起它們的時候，我們只是在腦部處於「離線」模式時，意外地一瞥它運作的樣子。「我們如果察覺到夢的存在，這只是機緣巧合，而與夢的功能無關。」溫森這麼說。多虧我們的語言能力，人類有本事區分我們夢見的事件記憶與發生在清醒生活中的事件記憶。我們在童年學會做出這種區隔：此時大人對我們解釋，那些很真實的感覺實際上「只是個夢」。但對於缺乏語言的物種來說，回憶夢到的行動和事件，可能在實際上會讓牠們適應不良。「我們和我們的祖先可能藉著演化出能在正常狀況下忘記夢境的機制，得以免於混淆虛實，」精神生理學家拉貝吉如此表示。「假設你的貓夢到可惡的狗掛了，取而代之的是一家子老鼠。如果這隻貓醒來時還記得這個夢的話，會發生什麼事呢？牠若不明白這是個夢，可能會飢渴地跳過圍牆，期待享受一頓大餐。但事實恰恰相反，牠會發現自己不幸成了狗狗的開胃菜。」

人類分辨清醒和作夢經驗的能力，消除了我們偶爾能憶起夢境所帶來的任何損害，而且這可能給我們一項優勢，雖然不完全是僥倖得來的好處。雷望索說：「我們可以把憶起的夢境用在各種私人性或者文化性的用途上，但不論這樣的用途可能多具啓發性、多有意義，它們是由我們所發明的，而不是天擇而來。」

雖然人類經過開發的腦力讓我們能夠克服許多險阻，並創造出劍牙虎與毒蛇不再構成主要日常威脅的這個世界，作夢過程古老來源的標記，還是可以在我們現在的夢境內容裡找到。首先要考慮的，就是明顯從我們夢境中消失的元素。塔夫茲大學的夢境研究者哈特曼所指導的研究顯示，在成人的夢境中，步行、與朋友談話和性生活在夢中出現頻率跟在現實中一樣頻繁，但閱讀、寫作和算數就算眞的出現過，也非常罕見——雖然說參與研究的作夢者，一般來說每天會花費六小時從事與讀寫算有關的活動。雷望索指出，清醒生活中的這些部分之所以沒有反映在多數夢境中，是因爲它們屬於文化上新出現的事物。他說：「讀寫算並未出現在古代的環境中，跟其他經常出現在夢中的複雜認知功能，比如說語言的理解和產生也不同，不是內建於人腦神經線路上。」

相對來說，許多在清醒生活中並不常見、然而與擬似原始威脅一致的元素，在夢中卻是普遍出現的。夢境內容分析研究顯示，我們夢中出現的敵人角色屬於兩種主要範疇：動物在百分之八十二的男性夢境和百分之七十七的女性夢境裡扮演這種角色，陌生男性則在百分之七十二的男性夢境和百分之六十三的女性夢境裡成爲激起恐懼的元素。跟動物或者不熟悉的男性相遇，在現代生活裡並不會自動跟危險連結在一起，但對我們的祖先來說卻是如此；雷望索論證，這是進一步的證據，說明夢境對於擬似史前時代常見威脅的情境有先入之見。他說，夢到被野生動物或怪獸追趕，反映了「內建於夢境製作系統中的預設威脅模擬劇本，這種預設劇本定義出最應該經常預演的威脅事件型態。」

當然，在現代生活中，腦部傾向於在夢中處理的日常威脅性經驗，最有可能是自我形象的破壞或銀行帳戶收支不平衡，而非眞正的人身威脅。但是從現代經驗產生的情緒，還是跟那些編碼在DNA裡的場景一起合併到我們的夢境生活裡。根據芝加哥神經外科與神經研究所的情緒神經科學研究主任龐賽普的說法，在作夢大腦中發生的事情是，「現在可能容許古老的情緒刺激，被整合到腦部新近演化出來的新認知功能裡」。

伴隨著REM睡眠出現的生存技巧預演，帶來一項好處，讓這個作夢睡眠階段在最後能夠傳遞給人類。雖然人腦如此複雜，這些夜間預演還是不停發展下去，到達符合人類神經原網絡能力發展的更成熟層次。事實上，引人入勝的新研究顯示，作夢和其他睡眠階段的心理活動以複雜的方式互動，這種互動扮演了關鍵的角色，讓我們有學習新技巧的能力，也能統整讓我們有獨特自我感的記憶。

第五章 在睡眠中學習

夢就是在你眼前改變了的記憶。

——史戴茲

威爾森的人生，都耗在研究在他麻省理工學院（簡稱MIT）研究室裡的老鼠辛苦一天以後做了什麼夢。威爾森說：「大家問我爲什麼對老鼠的夢有興趣，而我必須說，我對老鼠的夢並不感興趣，然而對於記憶在睡眠中如何表現，而這一點又如何跟我們主觀經驗到的夢境有關，我確實感興趣。」威爾森起初是研究人工智慧的工程學系學生。他轉向神經科學，是因爲他領悟到除非我們對腦部本身的功能有更深入的認識，否則不可能製造眞正有智慧的機器人。「我們想要了解你在白晝做的事如何進入你的睡眠狀態，還有除了讓你的夢境日記有內容可寫以外，那些事情是否還造成其他影響。我們現在相信確實有——腦部的夜間活動是學習和長期記憶形成的一個基礎部分。」

在他位於MIT的辦公室裡，威爾森指著幾乎覆蓋每個可用面積的大疊紙張，半帶嘲諷地說道：「要讓我的辦公室有條理地運作，這跟腦部所面對的挑戰很類似。把所有這些資訊分門別類，挑出我想儲存的部分，然後整理起來，以便我在需要時方便取得，這樣的過程是我在白天可隨時進行的，但如果等到我不受其他干擾的時刻再進行，會有效率得多。」他堅決主張，心靈滑入睡夢中的時刻，讓腦部有絕佳的時機可以過濾白晝經驗，評估哪些事情事關重大，然後把這些經驗整合到長期記憶中龐大的過往經驗儲藏室裡。這正是我們不必應付外來需求、不受阻礙的時刻。

威爾森的信念根據來自一項實驗，這項實驗帶來一個罕見的「發現」時刻——這正代表科學家的生涯顛峰。在全力處理他對記憶運作方式的疑問時，威爾森認定，以老鼠來進行工作會比用人類進行實驗來得有成果，因爲對於老鼠清醒時的經驗，他有較大的控制權。他也能夠植入靠近個別腦細胞的微電極，這讓他能夠一窺各個細胞在睡眠與清醒時所發生的事件，從而更精確地測量牠們如何反應。

威爾森和他的團隊訓練老鼠走迷宮，尋找作爲獎賞的巧克力調味食物。透過植入老鼠腦部的感應器，他們持續地記錄負責動物空間導向的神經元簇以何種模式放電。研究者所監控的神經元位於海馬迴中，不論在老鼠還是人類身上，這塊腦區都涉及一開始的記憶儲存工作。

但他們也記錄到老鼠睡眠時腦細胞裡所發生的事——他們發現了令人驚訝的腦內重播經驗。在他們記錄到的四十五段REM睡眠中（此時老鼠應該在作夢），將近有一半時段裡出現老鼠跑迷宮時被觀察到的相同神經元放電模式；這是夜間生存技巧預演的明確示範，也就是溫森所描述的「睡眠作夢階段的生物性目的」。這種重現極為精確，讓威爾森可以指出老鼠如果那時醒著，會身在迷宮的哪一處、是站定不動還是在奔跑。老鼠在睡夢中重現這個經驗所需的時間，跟這個活動進行時所需的時間是一樣的。

威爾森說：「我目睹這些動物在睡覺時花了超過兩分鐘時間，在心裡確實地重跑了一遍迷宮，這瞬間成爲我有生以來最驚詫的經驗——或許是空前絕後了。我所看到的不是關於記憶的報告，也不是我對記憶的猜測；而是活動中的記憶。科學刺激的地方不在於肯定你的假設，而是在你的資料中發現這種意料之外的事情。」

愈來愈多的科學證據指出，腦部在多夢的REM睡眠期間進行的活動，對記憶固化而言很重要，前述研究在二〇〇一年發表的結果，更是這些科學證據中的關鍵要素。然而現行研究指出，不光是REM睡眠，其他睡眠階段的心理活動也有助經驗轉化成記憶。睡眠初期、緩波睡眠還有REM，在處理特定型態的記憶時，都可能扮演了不同角色，也有可能是以一種經過繁複安排的次序互動，以便把資訊編碼成持久可用的形式。睡眠時間看來是統整新記憶的最佳時刻，不只因爲此刻腦部不必忙於保護我們不被車撞等瑣事，也因爲腦中化學物質濃度變化與其他生理改變，創造出一個理想的環境，讓我們可以重新組織並強化記憶。

關於睡眠時的腦內資訊處理如何影響清醒行爲，相關的證據正逐漸增加，要了解這些證據，仔細檢視記憶實際上的運作會很有幫助。首先該摒棄的想法，就是把記憶實質上當成心靈錄影帶，認爲記憶會將你經驗到的一切存入某種腦內中樞歸檔系統裡。在你有任何體驗的時候——學習一個新的電腦程式、在緬因州森林裡健行，或者只是在午餐時跟朋友談話——該項經驗的紀錄起初是保存在海馬迴裡；海馬迴是腦部中心的一個馬蹄鐵狀構造，朝外彎並連結到杏仁核；我們一開始產生怎樣的情緒反應，還有後來記憶儲存時帶有何種情緒色彩，杏仁核都有關鍵性的作用。對於一項經驗，海馬迴會從我們的感官、還有這些情緒迴路中吸收所有可得的資訊；爲取得建構記憶所必需的資訊，海馬迴擔負起某種超級情報交換所的功能。

但要把資訊變成永遠融爲一體的記憶，海馬迴中的資訊必須在新皮質的高級處理系統中重新展示，在此處，資訊可以跟先前已編碼的經驗互相比較，並加以評估。這段記憶固化過程，也會把腦部判定並非關鍵的部分拋棄。事實上，諾貝爾獎得主克里克和他的同事米其森有個理論：其實我們「作夢是爲了忘記」。克里克因爲共同發現DNA結構而聲名大噪，在餘波盪漾之際，他就把注意力轉向意識本質的研究了。檢視作夢過程是克里克這項努力的一部分，他在一九八三年提出看法，記憶確實是在睡眠期間固化並重新組織的。根據克里克和米其森的「反向學習」理論，前腦受到腦幹隨機刺激時，會啓動這種記憶重組過程。從神經網絡中被修剪掉的多餘資訊和無意義的心理連結，被排除時會出現在夢的素材中，這解釋了夢境中的奇異元素。克里克現在的合作者科赫解釋道：「爲了讓記憶的儲存和回憶達到最佳效率，大腦必須經歷一種在電腦界稱爲『垃圾回收』的過程。拋棄不重要的事實和無效連結，能夠幫助固化對你未來行爲確實重要的事實。所以這個反向學習理論，正是下列觀點的一個變奏：REM夢境是固化記憶所必要的。」

工作記憶由你此刻保留在意識中的資訊所組成——不是你剛剛得到的知識，就是你暫時從長期記憶中找出來的某件事。我們在這種短期緩衝記憶裡刻意保留資訊的能力，意外地有限。如果某人給你看一連串無序亂數，然後馬上要你重複一遍，你一次能記住並覆述的可能不超過七個位數——相當於區域電話號碼的分量。

我們把資訊留在記憶裡的當下，生理上發生的現象是：彼此相連的神經元組以某種獨特模式一起放電，把那個特定記憶的所有要素連在一起。當一個記憶重現時，它會讓同樣那些神經元的放電模式重新活化，並導致一項結構上的變化：神經元之間的連結實際上變得比它們重現時更強烈。就如同神經科學家所說的，一起放電的細胞就會連結在一起，正是這種「連成一氣」的現象把短期記憶轉化成長期記憶。因爲腦外傷而喪失記憶的病患顯示，最脆弱的記憶就是那些最近的記憶——在腦部受傷前數日、數周甚至數月內學習到的事實或者經驗——比較舊的記憶倒是比較不易瓦解，因爲它們有更多機會被固化。一個記憶迴路愈常重新活化，這個迴路就愈根深柢固。可能在長達數日或數年的期間內，記憶會被編碼在新皮質層內，不再需要靠海馬迴來啓動。

我們形成了兩種記憶基本型態。程序性記憶（也稱爲內隱記憶）一般來說涉及**如何做**某件事，像是騎腳踏車。我們可以在不自覺的狀況下形成或提取這種記憶。舉例來說，我們不需要停下來想怎麼把一腳放到另一腳前面，就可以前進；或者說，一旦我們記牢了打字技巧，我們也不需要刻意想要怎麼把手放在鍵盤上面。而在我們剛開始學說話時，我們並沒有刻意下決心就學會了語言規則。

多數心理學家也論證，童年早期記憶可以像程序性記憶一樣，被現在的某事件所激發、進而影響我們的行爲，雖然這種記憶活化是在我們意識之外發生的。舉例來說，某個幼童的父母出城參加一場婚禮時，讓他一個人跟阿嘉莎嬸嬸過夜。發生了某個運輸系統故障問題，結果他們遲了幾天回來。這是小男孩的初次分離經驗，而他強烈的情緒充滿了不快樂和焦慮。他對於那個周末缺乏有意識的自傳性記憶，但在他往後的生命裡，阿嘉莎嬸嬸極偶然地來訪時，他無可解釋的直覺情緒反應，會非常想讓她吃閉門羹，原因就在於他腦中跟阿嘉莎嬸嬸有關的程序性記憶。

根據紐約大學神經科學家勒杜的說法，在人類身上執行程序學習的腦部系統，在哺乳類的整個演化史上一直都存在著，並且無意識的狀況下工作；這跟佛洛伊德所說不同，這並不是因爲有什麼大規模規畫要讓我們對自己的心理生活自欺欺人，只是因爲有意識的腦無法直接接觸這些系統的運作。勒杜以他對情緒和記憶的生物基礎所做的研究而聞名，他指出程序學習塑造出我們最基本的特徵：我們走路和說話的方式，我們注意什麼、忽略什麼，還有我們在事情出乎意料時情緒反應如何。「記憶確實讓我們成爲自己現在的樣子，」勒杜在他的書《突觸構成的自我》裡寫道：「雖然如此，請記在心上：相關的記憶分布在許多腦內系統裡，並不總是能讓你有意識地提取，甚至也非大多數都可以提取。」

記憶的第二大領域，正是多數人想起「記憶」一詞時會想到的，這種記憶是可以有意識運用的，並且落入一個稱爲陳述性記憶的範疇——**知道某件事**，而非**知道怎麼做**。陳述性記憶又分成兩種。事實（語意）記憶是關於世界的一般知識，像是甘迺迪總統在一九六三年十一月二十二日遇刺，或者福斯汽車是某種形狀大小的車子。此外還有自傳性（事件）記憶，那是關於你個人經歷的紀錄，就像是一九六三年十一月的那一天你在做什麼，或者好幾年前你開著一台破爛的紅色福斯汽車，跟大學摯友一同遠遊的點點滴滴。通常我們能清楚地憶起陳述性記憶——我們知道資訊就在那裡，我們可以刻意把它帶到意識表面，雖說我們有時也會經歷這種挫折：明明一個人名或歌名就在嘴邊，卻還是抱頭搔耳說不出口。

人類的自傳性記憶，算是威爾森那些老鼠賴以重播迷宮旅程的記憶系統升級版。老鼠的海馬迴有些細胞被稱爲「場所細胞」，當牠們處於某特定地點時就會放電，牠們每次回到同一地點的時候，又會再度放電；或者就像在威爾森的研究一樣，牠們睡覺時會在心裡重播這種場所經驗，此時那些細胞又會放電。人類也以這種方式把場所跟記憶連結起來。有一個針對倫敦計程車司機所做的腦部造影研究顯示，光是把他們常跑的路線地圖拿給他們看，都會讓他們實際行經該地區時會活動的同一腦區有放電反應。但是既然人腦演化得更複雜，海馬迴的角色也有所延伸，它在具備情緒色彩的自傳記憶追蹤系統中，變成關鍵性的要素。

各種範疇的記憶，全部都儲存在散布於不同腦區的神經網絡中。如同神經學家達瑪西歐在《有事發生的感覺》裡所寫的：「我們腦中沒有一個單獨位置，可以讓我們找到『槌子』

這個字，還附帶槌子的精簡定義。」腦中反倒是有一些紀錄，呼應我們過去對槌子的反應：它們的形狀、使用槌子所需要的手部動作、行動的結果，還有我們所知的語言對這個物品的稱呼。然而當我們把槌子的心像喚出時，所有這些組成元素都嚴絲合縫地結合在一起。

對於我們生命中種種事件的自傳性記憶，也是以相似的方式儲存和回溯。與經驗相關的聲音、視覺影像和情緒都編碼在不同的神經迴路中。所以，回想起你結婚當天或者十歲生日當天的記憶，並不等於找出某一張心靈快照，反而比較像是用彩色的碎片集合成一個馬賽克拼圖（花香和教堂裡的音樂聲；巧克力蛋糕的味道、還有你看見脖子上綁著生日禮物蝴蝶結的小狗時，心裡感受到的喜悅），這些碎片是從許多不同的儲藏箱裡拿出來的，隨後即刻嵌合成一個統一的記憶。

某個只刺激到馬賽克拼圖中一小塊碎片的現有經驗，也可以讓彼此相連腦細胞的整個迴路放電，組成一個完整的回憶。普魯斯特在他的文學巨著《追憶逝水年華》裡，藉著一個場景優美地描述了這種過程：敘述者把一小塊瑪德萊娜點心浸入一杯茶裡，這突然讓他感覺到一種無上的喜悅。他隨後體悟到，這個泡了茶的點心激起了他在童年時感受到的那種強烈快樂；那時，他會在星期天早上去拜訪他摯愛的姑媽，她會把瑪德萊娜泡到她的茶裡，然後遞給他吃。他在長大以後沒再吃過那種點心，然而那種味道本身，就足以自動喚起那些周日早晨充滿感情的回憶。哈佛大學心理學系系主任沙克特，在他的書《尋找記憶》中寫道：「普魯斯特的預告比科學研究還早了半個世紀，他的見解充滿洞察力：追憶的結果所帶來的感受，是過去和未來之間某種細膩互動的結果。」

如果在某項經驗撩起了我們的情緒，我們對此事的記憶會被那個情緒標記所強化。雖然如此，這個普遍原則有一個例外。極端的情緒刺激，特別是緊張，會增加「可體松」這種荷爾蒙的集中程度，實際上會干擾海馬迴的活動，也可能削弱我們對這些不舒服經驗產生自傳性記憶的能力，雖說我們的程序性記憶可能還是會留下紀錄——這種現象在創傷後壓力症候群（簡稱PTSD）患者身上很常見。當我們追憶帶有強烈情緒的記憶時，現有的情緒狀態也會大大影響我們對這些記憶的回溯。舉例來說，研究者發現，在已經跌入谷底時，我們還特別容易記起不快樂的事情。而且我們每次想起一個情緒性的記憶時，這個記憶有可能會因為我們憶起此事時的所思所感，而有些微的改變。根據勒杜的說法，記憶是「在追憶時組合起來的建築物」，在經驗發生時儲存起來的資訊，就只是用來建造記憶時用到的其中一塊磚罷了。

我們隨後看見聽到的事物，也可以塑造我們的回憶，就像下面這種常見狀況：犯罪現場的目擊證人會說出失眞的陳述，因爲他們受到其他人的目擊報告所影響。在此有一個切中要點的完美例子：二〇〇二年有兩個狙擊手肆虐華盛頓特區，他們在停車場或加油站之類的地方胡亂射擊；一則事件早期的目擊報告指出，有一輛白色卡車從槍擊現場加速逃逸，這導致一連串後續的目擊報告裡，證人都說在狙擊手襲擊的其他地點看見同一輛卡車。最後證實狙擊手開的其實是一輛破爛的藍色雪佛蘭，但是第一個暗示的效力之強，足以讓後續的搜索都以一輛不存在的白色汽車爲目標。

從生理學的觀點來看，誠然如此：我們從過去合併到記憶中的事情，也顯著地影響到我們如何體驗現在、形成新的記憶。「經驗經過腦部的神經網絡編碼，這些網絡中的連結早已受到我們先前與世界的接觸所形塑。」沙克特這麼說：「這種先在的知識，強力地影響我們如何編碼並儲存新的記憶，因此，對於我們將來如何回憶此刻經驗的本然面目、質感與特性，這種知識也有所貢獻。」我們只記得我們編碼過的事物，而且腦部靠著我們過去的經驗、知識與需求，來決定要編碼哪些東西。

我們在清醒時刻確實會固化記憶並調整我們的心理模型，但同時有許多現在的研究指出，這項工作有很大一部分是在我們作夢時發生，並且直接影響我們清醒時的行爲。「大腦持續在評估新的經驗，以便釐清新經驗如何併入透過先前記憶所建立的心理模型，並且做測試以便看出該模型是否運作良好、是否能夠預測前所未見的事件，並引導出決定。許多像這樣的修正，似乎是在睡覺時發生的。」麻省理工學院的威爾森說。

神經科學哲學家佛蘭納根所提供的兩段夢境描述裡，反映出從記憶中編織夢境的方式；這兩段描述出自他的著作《作夢的靈魂》。首先是他在五歲大時作的夢，其次則是他在四十八歲時記錄的夢：

一九五五年的夢：一群狼在追我。我嚇壞了，而且逃得不夠快。我醒來的時候喘不過氣，想尖叫卻嘶啞不成聲。

一九九七年的夢：我參與了一個由CIA支持的軍事行動。我的單位跟敵方相比戰略位置不佳，我們的武器也很糟糕。我非常害怕。我要送我的汽車進廠修理離合器，在這一趟再平常不過的路程裡，我試著對我的同袍解釋，我們的非自動步槍（舊式步槍跟M1步槍的混種，而且還沒有彈匣）注定是輸家。然後我發表了一篇反戰演講，堅持我們不能遵從政府的作戰命令。我有一些支持者，也受到某些人嘲弄。我系上的系主任頭戴羽毛帽、穿著蘇格蘭裙出現，他那把武器指著的方向，似乎顯示出他不知道該拿它怎麼辦。他顯然是我們的領袖。我覺得又好笑又害怕。我拿到了我的車，此時汽車技工祝賀我們贏得勝利。

分解夢中的記憶元素之後，佛蘭納根指出，五歲時的夢境情節比成人版本單純得多，有一部分是因爲這個夢是從更爲有限的經驗庫存中抽繹出來的。這是典型的追逐之夢，而且，既然在當時他才剛從常聽的故事「三隻小豬」和「小紅帽」裡認識到狼，他的大腦把狼拿來當做追逐他的威脅物。在他四十八歲時作的夢則是來自廣大得多的記憶庫存，把不同時期的元素編織在一起。他在越戰期間長大成人，花費許多時間進行反戰示威，隨後又在軍隊中服戰地勤務。他有過汽車維修方面的工作經驗，在作夢當時則是大學教授，所以這些元素也跟早期經驗併在一起建構這個夢。「在兩個夢境裡，我的心思似乎把活化的記憶跟經驗一起放進一個故事、一個敘述性架構裡。」他如此表示：「這一切究竟是怎麼回事、又爲何如此，是一個亟待解答的謎題。」佛蘭納根補充，瀰漫在這些夢境中的情緒，特別是恐懼，最有可能是杏仁核激發所促成的結果，杏仁核是腦中觸動「打或逃」反應的系統。

我們對白晝事件所做的離線處理，參與了對自傳性記憶的整合；自傳性記憶對於我們的「自我」有深刻的影響。我們所記錄的自傳性記憶，還有我們把這些記憶跟過往經驗融合在一起的方式，有助於發展神經學家達瑪西歐所謂的「自傳性自我」。這種意義下的自我是奠基於過往經驗之上，但也是這個自我容許我們想像未來、計畫未來。「自傳性的自我，是按照持續被激發、並且被挑出來展現的自傳性記憶組而定，」達瑪西歐說：「我們每個人對自己所架構出的觀念、對自己身體和心理逐漸建立的圖像、對於自己在社會上歸屬於何處的看法，都奠基於多年經驗產生的自傳性記憶，而且也持續在重新模造。我相信這種建造過程大部分是在無意識狀態下發生的，重新模造的過程亦然。」

自傳性記憶的持續再加工，其中的一項重要元素可能確實發生在夢中，通常是在我們意識範圍之外——雖然清醒時的生活，會大大影響哪幾組記憶被選來當作重播的夢境材料。「現在看來，很有可能在我們睡覺的時候，我們的大腦正忙著儲存會跟隨我們大半輩子的經驗。」沙克特這麼說：「我們清醒時常常回顧的重要生命事件，可能經常在睡覺時『重播』。清醒時很少被注意到的經驗，可能在夜間就比較少重播，正好爲遺忘鋪路。」

如果記憶確實是夢的構成元素，在睡眠時腦部是以什麼標準選擇處理哪些生命事件？那些事件後來又是如何整合到現存的記憶中？一九七八年，愛因斯坦醫學院的羅夫渥格和他的同僚設計了一個充滿創意的實驗，要找出每天的經驗在什麼時候、以什麼方式出現在夢中。九個大學生帶著過濾掉綠光與藍光波長的護目鏡，所以他們所見的一切看起來都是紅的。受試者在清醒時，連續五到八天內都帶著護目鏡，然後他們逐漸地適應了這種變調的世界，他們稱爲「眼鏡色」世界。

受試者每天晚上都在睡眠實驗室裡度過，他們在那裡接受腦波圖監測。研究人員的期望是：把所有進入的視覺影像都標記爲特定顏色之後，受試者的報告會顯示出紅色調在何時、以什麼方式整合到夢中影像裡，然後他們就能藉此追蹤腦部如何處理夢中發生的經驗。當這些學生在REM期被叫醒時，他們報告在夜晚剛開始的夢境中，眼鏡色世界出現在一半場景中，但在後續的夢裡就沒有了。在後來的幾天晚上裡，眼鏡色會出現在後段的REM期中，也有將近一半的後期夢境裡併入了紅色場景；在夜晚的第一段REM期裡，則有超過百分之八十的夢境包含這些場景。

研究人員假設，任何沒有染紅的夢境元素都是來自戴護目鏡之前的經驗記憶，但在某些例子裡，在實驗前發生的事件也以眼鏡色彩出現。在單一夢境場景中，也會出現合併：在某個場景裡，房間是正常的，但作夢者從窗外看出去的景象卻是紅色調的。研究人員只能得到這個結論：透過近期經驗與記憶的複雜交互影響過程，日常的經驗很快就整合到夢裡了。這個夢境之舞到底是怎麼編排出來的，仍然是個謎。

史提高特是站在研究最前線的解謎者之一，他是哈佛大學的精神病學教授。史提高特構思出一個嶄新的方法，試圖迫使腦部揭露其內在規則，他的方法是檢視先前被多數研究者忽略掉的一個睡眠階段。在我們陷入夢鄉的時候，一般來說會經歷所謂的入眠幻覺：幻覺性的視覺影像和其他感覺，通常不像多數夢境那樣有個故事可言。十幾年前，史提高特在維蒙特州度假時，迷上了這種睡眠初期的現象。史提高特回憶：「在健行、攀岩一整天以後，我一入睡，立刻感覺到我回到山裡某一段很難走的路上，在那裡我得抓住岩石，把自己往上拉。我把自己驚醒好幾次，但每次我昏睡過去，手擺在岩石上的感覺就會再冒出來。我更晚一點醒來的時候，試圖把同樣的影像找回來，卻沒有辦法做到，但在我剛睡著的時候總免不了出現這些幻覺。」他開始在其他白晝事件同樣強烈地自動重現時，把這些發生在睡眠初期的例子記下來；他發現，當白晝經驗中包含不尋常事件時（像是激流泛舟、強渡惡水的日子）比較會出現這些幻覺。

史提高特的好奇心同時兼具私人性質和學術性質。雖然史提高特剛起步時是生化學家，他後來在哈佛做博士後研究時，卻對神經生理學產生了興趣。他上過一門由霍布森談作夢大腦的課程以後，他的職業生涯幡然轉變，不久之後（一九九〇年）他便加入了霍布森的實驗室。史提高特說：「我想把生化學的科學活力帶進夢境研究中；我認爲，夢研究是了解清醒心靈的途徑。」

爲了更深入了解腦部如何選擇激發哪些記憶，以及何時激發這些記憶，史提高特決定集中研究睡眠初期，看看他是否能在作夢者滑入夢鄉時操縱他們的幻象經驗內容。要求受試者爲了研究去爬山或者激流泛舟，可能會導致法律上的責任問題，所以史提高特選擇觀察比較溫和的新經驗是否也能引發這種影像。研究結果竟然也讓他大吃一驚。

在第一個實驗中，他招募自願者來玩俄羅斯方塊這種電腦遊戲，玩家在這個遊戲中必須堆疊在螢幕上落下的幾何形狀碎片。連續三天，二十七個人每天玩這個遊戲七小時。有十個玩家屬於專家級，因爲他們曾經玩過這個遊戲的任天堂版，其他人則是新手。史提高特把五位遺忘症患者也納入新手的範圍，他只是想看看這些人的夢境影像裡，會不會有來自這個遊戲的任何東西——他覺得大概不太可能。

在頭兩個夜晚，自願受試者在睡著幾分鐘後被喚醒，並且遵照要求，回報他們心裡是否曾經閃過什麼東西；超過百分之六十的人回報至少一次關於俄羅斯方塊的夢境，而且全部人回報的都是相同的影像：掉落的俄羅斯方塊。大多數的夢境報告出現在訓練的第二晚而非第一晚。「這就好像大腦需要比較多的時間、或者玩更多次，才能決定這是必須在睡眠初期處理的東西。」

讓史提高特訝異的是，遺忘症患者也回報看到同樣的俄羅斯方塊畫面，雖說清醒時他們根本不記得那個遊戲，而且每天都得向他們重新介紹研究人員。「我驚呆了，因爲我們以爲，如果有某個睡眠階段必須仰賴事件（自傳性）記憶，才能夠產生夢境，那必定是睡眠初期；而遺忘症患者是沒有事件記憶的。」

遺忘症患者在睡眠初期夢見俄羅斯方塊的景象，這個事實指出自傳性記憶（用我們可以刻意想起的姓名、時間和地點等特質，把我們跟現實串起來的細節）並非睡眠初期的夢境景象來源。相反的，夢境影像是來自遺忘症患者確實具備的那種記憶——從較高層次的新皮質所產生的程序性和事實性記憶；在新皮質裡，來自經驗的感官資訊先被接收，然後和先前既有的自傳性記憶形成連結。科學家早就懷疑，在REM期、還有睡眠後期的非REM階段，我們所經驗到那些幻覺性更強的夢，其中的影像與記憶來源正是來自程序性與事實性記憶。不過既然腦部在睡眠初期，似乎就把白晝真實事件較清楚透徹的複製版本整合進來了，史提高特說，他的發現指出，所有夢中景象都來自皮質層；作夢時，皮質層正在把近期經驗的碎片跟舊有的記憶連結起來。史提高特說：「現在我們具備關於夢境來源的實驗證據，而且這個流程既然對於正常人和遺忘症患者都一樣有效，就合乎我作爲生化學家所要求的那種嚴格科學標準。」的確，這篇關於俄羅斯方塊的研究出現在《科學》雜誌，這是這本專業期刊三十年來第一次刊登跟夢境研究有關的文章。

遺忘症患者的觀察結果也指出，這些無意識出現在他們夢中的俄羅斯方塊記憶，影響了他們清醒時的行爲。遺忘症患者每天都必須重新學一遍這種遊戲怎麼玩，但在某次學習期開始的時候，一位研究人員注意到，某個遺忘症患者出於直覺，把她的手指放在玩俄羅斯方塊時用得到的三個鍵上：「她並不清楚她在做什麼，然而她卻這麼做了，」史提高特說：「腦中的記憶即使在意識察覺得到的範圍之外，還是可以被激發，而且還是可以引導著我們的行爲。」

實驗中也顯示出腦部如何刪除它認爲無關的資訊：沒有任何一個睡眠初期夢境裡包含作夢者本身、或者測試房間內的任何細節；只有學習任務中的重要景象才會被重新播放。而腦部也忙於製造連結：某個「專家級」玩家夢見的俄羅斯方塊墜落畫面，不是實驗中用的黑白螢幕畫面，而是有音樂的彩色方塊，就像她好幾年前第一次學玩任天堂版俄羅斯方塊時所體驗到的。以舊有畫面取代新畫面的情形顯示，腦部並不只是重播白晝事件的記憶，也透過聯想改變這些事件記憶。

在一個後續研究中，史提高特和他的團隊讓受試者玩「滑雪機」第二代，這種電視遊戲有更輕鬆活潑的電動風格，在睡眠初期激起更強烈的影像。十六個玩家中有十四個回報在睡眠初期出現遊戲場景，三個只是看別人玩的受試者也是如此，所以這個研究成功地讓將近百分之九十的受試者產生同類的夢境影像。

我自己在史提高特的實驗室裡嘗試進行這種實驗，花了大半個下午玩「滑雪機」，我的手緊握著感覺很像滑雪杖的控制桿，兩腳則擺在踏腳平台上，平台在加速衝向陡峭下坡滑雪道時會滑動、傾斜，製造出側身進入彎道的感覺。在遊戲全程中，我試圖一路呼嘯直下山岳、穿過有許多岩石的隧道和大彎道的時候，我的注意力都集中在我眼前的電視螢幕上。那天晚上，甚至在我熄燈之前，在「滑雪機」中老是讓我翻車的某個彎道影像，就趁我稍稍閉目的短時間裡閃過我心頭。我睡前在床上讀報紙，而且以爲那個遊戲離我的心思很遠很遠，但那只證明了史提高特的論點。

「我們把心智視爲己有，但腦部自有一組規則，以此揀選出要重新激發、並且帶入我們意識之中的記憶軌；而在像這樣的研究裡，我們智取大腦，讓它向我們顯示一些規則。」史提高特說：「記憶透過皮質層以不同的方式儲存，而且在睡眠中，腦部實際上的作用就像電腦的網路瀏覽器，併入新經驗時，是把新經驗分配到不同記憶系統，形成能幫助我們理解世界的聯想和連結。」

他懷疑，不只是在睡眠初期，在所有的夢境中通往自傳性記憶的通道都是封閉的。沒有來自外在世界的輸入資訊，也沒有途徑可以通往正常清醒狀態下會幫我們組織世界的記憶系統，大腦被迫尋找更有創意的方式，把來自新經驗的原始資料跟既有的記憶連結在一起。二〇〇三年佛斯夫婦所指導的研究結果顯示，當日常經驗隨著夜晚進行，被納入更複雜的敘事性夢境時，確實會以鬆散相連的片段出現，而非自傳性記憶的忠實重播。佛斯夫婦是史提高特在哈佛神經生理學實驗室的同僚。在兩個星期之中，他們要求二十九名受試者爲白天時的活動、事件和關注的目標寫日誌，同時每天記下他們回想得到的夢。他們以清醒經驗的種種面向整合到夢中的程度爲準，留下紀錄，其中百分之六十五的夢包含白晝事件的某些面向，但只有不超過百分之二的夢包含自傳性記憶的重現——他們對自傳性記憶重現的定義是：夢中明顯包含至少三項真實生活經驗的特徵，包括相關地點、任何相關角色、物件或行動。

並不是所有夢境都包含來自白晝經驗的元素——事實上，有幾項研究已經顯示，只有大約一半夢境包含佛洛伊德口中的「白日遺思」。但根據蒙特婁聖心醫院睡眠研究中心主任尼爾森所指導的研究，大腦確實把來自日常經驗的元素編織到夢中的時候，腦部似乎遵循著某種特定的模式，白天的事件在其中會很早就出現，然後在某些狀況下會在一周後再冒出來一次。尼爾森從一九八〇年代晚期開始，就已主持過一連串的研究，探究日常經驗如何反映在夢境生活中。他的研究結果一致顯示出某種模式，他稱之爲「夢延遲效應」。這種模式顯示，首先接收經驗資訊輸入値的皮質層網絡，通常會從白晝經驗的某些事物裡，抽出角色、背景或其他個別特徵，以此形式出現在當天晚上的夢境中。然而在第二天，任何來自昨日事件的元素，被併入夢中的機率就降低至原先的一半。如果該項經驗要在後來的夢中出現，「重播」會是在一星期後。在較晚近的研究中，尼爾森發現這種延遲效應在女性身上較爲常見（對男性而言，經驗在前一兩夜之後不太可能再度處理），而且在晚了一星期以後重播的夢境素材，通常在情緒上有重大意義。「這類夢境會讓人覺得影響他們當天心情、或者讓他們對平常在生活中忽略之事更爲敏感。」他說：「這些夢裡通常有悲傷或憤怒，但沒有恐懼——這些夢是帶來洞見的夢，並不是夢魘。」

尼爾森也發現，對於「確實」特別擾人或激起恐懼的經驗，夢延遲效應實際上也有些微延後。他放了一部令人不安的影片（印尼村民爲了舉行儀式屠殺水牛）給一組自願者看，這部影片首次反映在夢中的高峰期是放映後三天，然後腦內的重播則相隔一周，也就是在放映後第十天。這個模式符合一項針對跳傘新手的研究結果，他們的經驗在第一次跳傘後三天才從夢裡冒出來，然後在跳傘後第十天二度重現。

清醒時的事件在夢中重播的延遲時間，可能反映了海馬迴逐漸把資訊傳遞到新皮質所需的處理時間，隨後在新皮質裡，這些資訊再度成為夢境的材料；但尼爾森相信，特別讓人緊張的事件首度出現在夢境之前的延遲時間比較長，就指出腦部需要更多時間來處理與事件有關的負面情緒。因此，夢在固化記憶作業中所扮演的角色，以及它原來屬於純粹生存技巧演練的根源，都演化到可以處理人類更進一步的複雜性，這要感謝我們的天賦和煩擾：我們能夠調整自己的情緒。

記憶固化中有一個次類型是學習，不管是第一次上鋼琴課或者為了歷史考試記憶日期都在內。夢境研究者很快地建立了證據：作夢階段與其他睡眠階段的心智活動產生複雜互動以後，在學習新資訊和技巧方面扮演了重要的角色。「我認識的許多科學家同時也是音樂家，他們經常有這樣的經驗：練習一段特別困難的新樂曲，卻一直做不好，但在幾個晚上的睡眠後，他們再回去練那首曲子時，卻突然就會了，在這段期間裡他們甚至沒有練習過。」芝加哥大學生物學教授馬格利亞許說：「這代表什麼意義？我們有必要現在提出這些問題，並且以我們檢視其他行為層面時同樣嚴格的標準，去檢視它們。」

就像威爾森，馬格利亞許透過動物研究在尋找答案，而他已經發現類似老鼠在夢中重跑迷宮的證據：鳥在睡覺時，會在夢中重現牠們這個物種特有的求偶歌唱法，並且加以改進。馬格利亞許研究斑胸草雀，這種小型鳥類一開始藉著模仿牠們聽到的成鳥歌聲，來學習牠們這個物種的歌唱模式。馬格利亞許解釋：「這種鳥不但需要在剛開始學唱歌的生命早期，聆聽自己練習求偶歌的聲音，成鳥也必須經常聽自己唱歌，以便保持曲調正確。人類也需要經常聽到自己的聲音，否則他們的口語表現水準就會下降，就好像那些聽力受損的成人一樣。」

科學家先前曾經假設，一隻鳥要保持歌聲頂尖水準所需的聽覺回饋，只出現在牠清醒著鳴叫的時候；可是，馬格利亞許同時記錄鳥兒睡眠與清醒時腦中製造唱歌信號的神經元放電，他從中發現意料之外的事：鳥眞正在唱歌時的腦部放電模式，在鳥兒入睡以後同樣會發生。研究人員一開始發現，在鳥兒睡覺時播放牠們自己的歌聲，會導致同樣的腦細胞放電模式再出現，但他們也發現，就算沒在放錄音帶，那些神經元還是會自動放電，放電模式顯示出內在歌曲演練正在進行，這種現象主要發生在慢波睡眠時。

而且，與歌曲重播有關的聽覺信號，雖然在睡眠鳥兒腦中控制歌唱的不同區域之間自由流動，但在鳥兒醒來時，那股聽覺回饋電流是被封鎖的，就好像一個柵欄被放下來了一樣。根據這個初步證據，馬格利亞許假設，與其說鳥兒在歌唱時聆聽自己的歌聲，並且在同時做任何必要的心智微調，不如說牠把歌唱時的聽覺訊號儲存在鳥腦中相當於海馬迴的地區，以便在睡覺時重新播放，然後評估自己的表現，在「離線」狀態下調整負責製造歌曲的神經元網絡。事實上，他指出，不論對人類或動物的神經系統來說，在實際的歌唱過程中（在人類的狀況下，就是做出某項技術性新動作的當下）要自我調整，可能都很困難。

馬格利亞許不喜歡把自己搞得太嚴肅認眞，這種傾向明顯反映在他的電子郵件寄件人姓名欄位（「大鳥」）上；他說，一開始他對他自己的假設——鳥歌會在睡眠時重播並做預演——抱著懷疑的態度，因爲這點子似乎「有點異想天開」。不過，現在他相信在自己實驗室裡、還有其他研究者的實驗中快速累積的證據；這些證據指出，多夢的REM睡眠和慢波睡眠兩者在學習中都扮演了不可或缺的角色。

早在一九二四年刊登的一篇科學報告裡，就已暗示過這種想法：一夜好眠能增進人類學習能力；可是一九五○年發現REM睡眠之後所做的幾輪實驗結果，對這個想法潑了好一桶冷水。實驗者要求受試者學習一些事實資訊，包括記憶無明顯相關性的成對詞彙列表，像是牛與階梯。隨後他們測試這些受試者，看看剝奪他們的作夢時間會不會影響他們的表現。結果並沒有影響，所以研究者錯誤地假定，睡眠和學習之間沒有關聯。

史密斯解釋，在那以後，研究者發現不同的睡眠階段呼應不同型態的學習；史密斯在一九七○年代早期就開始研究學習和睡眠之間的關聯，當時他加入了美國研究者赴法國取經的潮流，到夢境研究先驅朱費的實驗室工作。史密斯追憶當年：「我們花了一個月鋸小木棒，爲老鼠做迷宮，然後一連十天二十四小時記錄牠們的腦部活動。在闖迷宮過程裡變聰明了的老鼠，REM睡眠有大幅增加，其他的老鼠就沒有。」現在他是加拿大安大略省彼得柏勒市川特大學的心理學教授，他的研究已經持續超過三十年。他說：「從那時候開始，我就對睡眠跟學習之間的相關性深信不疑，而現在也有足夠的支持證據，讓其他研究者對此感興趣了。」

史密斯和其他人穩定累積的研究，有助解釋不同睡眠階段的作夢和認知處理，如何對學習造成影響。入睡後沒多久，我們就進入了稱爲第二階段的淺眠；音樂家、運動員和舞者在練習新技巧後一兩天所體驗到的進步表現，似乎就是這個睡眠階段的功勞。哈佛研究者沃克在二○○二年所做的研究發現，受試者進步了百分之二十的運動技巧表現，有很大程度仰賴早上醒來前最後兩小時裡的第二階段睡眠。史密斯說：「如果你在學習一個新運動或者一首新曲，想從練習中得到最大的益處，你至少得在學習後的第一晚睡足一夜，這樣你才不會錯過清醒前的最後一次第二階段睡眠。」

隨著第二階段睡眠而來的是慢波睡眠，一種先於REM階段的深層睡眠。慢波睡眠在夜晚前半段比較多，占了總睡眠時間的百分之八十。在夜晚的下半段，REM睡眠的占比有戲劇性的躍升，和第二階段睡眠交替。慢波睡眠對事實性記憶的學習任務（比方說你在歷史考試時所需的死背功夫）很重要。相對來說，我們多夢的REM睡眠就對程序性學習很重要——程序性學習屬於「如何做」的範疇，其中包括學習新的行爲策略。研究顯示，讓受試者接受這類任務訓練，不但會讓他們經驗到的REM睡眠總量立即提升，如果他們在訓練後被剝奪REM睡眠（特別是在第一夜），也會讓他們的表現變差。

在一九九四年有一項廣爲人知的研究，卡尼和沙基領導一組以色列科學家團隊測量一般人從事視覺辨別工作所需的時間——這項工作是從電腦螢幕上某個測試圖形背景上，辨識出有閃動條紋的區域呈現何種形狀。他們發現，受試者執行這項程序性學習作業的速度，並不是在練習期間產生進步，而是在隨後的八小時裡變快的。如果受試者在REM期重複被叫醒，他們就無法學會；但如果他們是在慢波睡眠最深沉的階段被叫醒，他們的表現就不會變差。

從那時開始，其他研究者運用以色列研究裡採用的同一種學習作業來進行研究，但他們的結論顯示，最有效的學習事實上可能同時仰賴兩種睡眠的結合，而不只是靠REM。其中一個研究指出，進步的表現仰賴夜晚前四分之一的充足慢波睡眠，還有最後四分之一夜晚的充足REM睡眠。威爾森已經發現老鼠也經歷了同樣的過程，據他推測，在慢波睡眠期間，海馬迴中的記憶痕跡實質上被做了標記，送去做進一步後續處理，後續處理是在有作夢的睡眠期間進行的，特別是在夜晚最後一部分的那些REM期。在後段的REM期，海馬迴和相關的邊緣系統結構，如杏仁核（處理情緒的重要部位），似乎以一種能強化記憶、穩固學習效果的方式，跟新皮質裡的高層處理中樞彼此交換資訊。

事實上，分子生物學證據也支持腦部在REM期學習、同時編造夢境情節的想法。每個細胞都包含一批基因，每個基因在體內都有特定的功能。當某個基因被驅動去執行DNA指令下的作用時，會以一種現在可以測出的方式活化。這種可測量的基因活動，稱爲基因表現。有一項二〇〇二年的研究顯示，在老鼠清醒進行學習時表現的一個特定基因，在後段REM期裡再度有極強烈的表現，這就表示在這個睡眠階段裡，在分子的層次上會出現與學習相關的變化。而且當海馬迴在麻醉狀態下暫時解除功能時，新皮質裡就不會出現跟學習相關的基因表現了。

「記憶痕跡必定是從海馬迴傳遞到新皮質做長期記憶儲存，這種假設已經存在好一段時間了，而我們的研究指出這可能就是REM睡眠期間發生的事。特別是在REM的後期階段，海馬迴是在對新皮質說話。」洛克斐勒大學的神經生理學家帕弗利迪斯這麼說。他是溫森的門生兼研究合撰者之一。溫森在一九七〇年代對REM睡眠的生物功能所提出的理論，得到分子生物學新研究的支持。

研究指出，學習發生在我們進入夢鄉之後，這顯然讓「先睡一覺再決定」這種說法有了全新的意義。「雖然後期的REM階段可能特別有幫助，我卻懷疑，對學習來說眞正重要的是完整的睡眠週期。」史密斯這麼說。「小睡一下」也有幾分智慧在其中。在史提高特與哈佛同僚的另一個近期研究裡，受試者受訓要在電腦螢幕上執行一個視覺作業，在四次日常練習期間，他們的成績因爲心神疲勞而穩定下降。但第二練習階段後的三十分鐘小睡，避免了進一步的成績衰退，如果睡上一小時，其實還會增進他們在第三、第四段練習期間的表現。

質疑REM睡眠是否眞正在學習中軋了一角的人會指出兩個例子，他們堅稱，這兩個例子和整個理論互相牴觸。首先是一個在二十歲時因槍擊而腦幹受損的以色列男性。他復原了，但是他在二十三歲接受睡眠模式的檢查時，研究人員發現他在大多數的夜晚裡完全沒有REM睡眠，而且在他確實有REM睡眠的晚上，REM期的占比少於整體睡眠時間的百分之三。雖然如此，他看來沒有記憶缺損問題，在受傷後完成了大學跟法學院的課程。「顯然你可以消除REM睡眠又不干擾到記憶，因爲沒有其他專業比法律更需要不動腦的學習了。」加州大學洛杉磯分校心理學暨行爲科學系教授席格語帶諷刺地說道。席格和其他懷疑人士提出另一個理由，質疑睡眠在記憶處理中的重要性：有一類抗憂鬱藥物稱爲單胺抑制劑，被證明能夠大幅減低、甚至完全消除REM睡眠，雖然這類藥劑已經廣泛使用多年，卻沒有報告指出它會造成記憶缺損的副作用。

史密斯反駁，法學院的課程要求、還有研究中對這位以色列男性做記憶測試時所分派的作業，牽涉到的都是陳述性記憶，這類記憶在缺乏慢波睡眠的狀態下會有缺損，但在缺乏REM睡眠的時候卻不會。同樣地，在服用抗憂鬱藥劑病患身上所做的任何測試，也都集中在陳述性記憶作業，所以沒有經歷REM睡眠的人記憶名字、地點和事實時不會產生問題。因爲學習並不是完全在睡眠中發生的，他們也能夠學習程序性作業，但不像每晚都有正常REM睡眠量的人那樣有效率。史密斯說，學習結果上的差異在幾日或幾周過去以後才會變得明顯，但從沒有人做過這類的研究。

或許，展現我們確實在作夢時學習的決定性證據，是出現在運用腦部造影技術的研究中。威爾森在老鼠跑迷宮時，針對個體腦細胞活動做紀錄，這種作法雖然無法同樣運用在人類身上，科學家卻可以在受試者學習新技能的過程中，用腦部造影來看哪個腦區被激發了。他們隨後可以再次掃描這個人睡覺時的腦，看看同樣那些腦區是否有被激發，指出經驗在心靈中重播了。

馬蓋就是這樣做。馬蓋在比利時的列日管理一個研究實驗室，他在二〇〇二年指導的實驗中要求受試者坐在一個電腦螢幕前，螢幕上展示著六個固定的標記，每一個標記在鍵盤上都有相對應的按鍵。有個閃爍的信號會出現在某個標記下方，然後很快地消失，接著再出現在另一個標記下面。每當信號在某個標記下面閃動時，受試者就必須很快地按下對應到那個標記的按鍵上。在第一批受試者面前，信號是隨機出現的，所以其實他們學不到什麼可以讓自己表現進步的東西。對於第二批受試者來說，這個作業則有他們不知道的小技巧。在這一批受試者面前出現的信號並不是隨機閃現的，而是遵循某種模式——類似某種人造語法規則——腦部會開始辨識，並在不知不覺中學習，就好像幼兒學習他們母語中的文法。馬蓋解釋道：「受試者不知道他們正在學習，也不知道他們在學什麼，但我們可以從他們的反應時間，精確地評估出他們是否已經學會。」

兩批受試者在下午都以相同的時間，在電腦前執行他們的作業。那天晚上當他們睡著以後，馬蓋透過一台正子斷層掃描器監測他們的腦部活動，這種儀器藉由測量血流量來顯示哪個部分的腦區活動程度最高，最活躍的區域在產生的影像中會顯示成色澤鮮豔的斑點。某些受試者不知不覺學會了信號模式的人造文法，他們在電腦前清醒地執行作業時也會被掃描，以便辨識出他們學習這項作業時，放電程度最高的腦區是哪些。（爲了限制受試者在正子斷層掃描時接收的輻射量，受試者要不是清醒時才接受掃描，就是睡覺時才接受掃描，沒有人在兩種時刻都接受掃描。）

馬蓋在掃描學會信號文法規則的睡眠中受試者時發現，受試者清醒著執行作業時亮起的腦區，同樣在REM睡眠時恢復活動。然而在針對隨機信號作反應的那一組受試者中，腦區沒有這樣的重新活動。腦部顯然判斷，光是對隨機信號按鈕做反應的經驗不值得在心裡重播。

馬蓋說：「這兩批受試者以等量的時間執行同樣的作業；雙方都在他們看到螢幕上的閃爍信號時按按鍵，所以唯一的差異就在於其中一批人有東西可學，另一批人則沒有。」這指出了腦部只有在有新東西可以學的時候，才會在REM睡眠時重新活化、重播經驗。此外，在學習人造文法的訓練階段中，反應最快的那些人，他們的同樣腦區在REM期也有最大程度的再活動，這又進一步強調了睡眠與學習的關聯性。從整體看來，這些逐漸增加的證據指出，有數量驚人的記憶固化是在作夢與其他睡眠階段中發生的。

既然事實上在我們產生最鮮明的夢境時，腦部的情緒中樞是活躍程度最高的區域，這也顯示出有一種特定型態的記憶在我們作夢時被挑出來處理。尼爾森說：「我的直覺是：我們在REM期作夢時，腦部真正針對的目標是激起情緒的記憶。」

實際上這種直覺受到好幾項研究的支持，這些研究指出作夢可能有一種內在治療師的功能，能幫助我們統整白晝的情緒經驗。就算這些夜間療程大部分發生在我們有意識的知覺之外，它們可能對我們清醒時刻的情緒狀態有顯著的影響。就像史提高特所說的一樣：「搞清楚記憶的意義，才是腦部在夜晚的任務，而不只是記錄事件。」

第六章 夜間的心理治療師

與其説我們有的是關於自身夢境的情緒，不如説我們有的是關於自身情緒的夢境。

——凱瑞特

某個舒適的七月晚上十點半，在芝加哥，有個三十來歲的男人很有耐性地坐在睡眠研究室裡的床沿邊，懶洋洋地看著電視；此時電極正貼在他頭皮上，要記錄他睡覺時的腦部電流活動。他之所以在此，是因爲他回應了一個研究招募受試者的廣告，這項研究調查的是經歷離婚過程者的作夢模式。每一次他處於REM期的時候，身在走廊另一頭控制室裡的某位研究人員，就會透過內部通話系統柔聲叫醒他；研究人員會要求他描述他夢中的影像、還有連帶而來的情緒。「我在家只是偶爾記得我的夢，但是在研究室裡，夢境還在進行時他們就會叫醒我，這時我總是能夠描述夢中場景和角色，這讓我領悟到：每天晚上我一定都像這樣在作夢。」

這個男人的第一度婚姻在六個月前剛剛結束，他是這項研究的三十名參與者之一；這項研究是由老資格的夢境研究者凱瑞特所指導，目的在於測試她的理論：夢實際上是心境調節劑，幫助我們處理負面情緒，讓我們醒來的時候比入睡時情緒好些。凱瑞特在芝加哥主持羅許長老教會聖路加醫學中心的睡眠失調服務與研究中心，她主張，當這種夜間心境調節過程偏離常軌時（讓我們只經驗到平淡、缺乏情緒的夢），我們醒來時心情會更加低沉，這種狀況常常發生在苦於憂鬱症狀的人身上。她對經歷婚姻破裂過程的人所做的長期研究顯示，能夠從中恢復、繼續過日子的人，確實有某種作夢的模式，跟仍舊深陷於憂鬱泥淖的人有顯著差別。有些研究者運用其他的科學方法，檢驗作夢是否以某種特殊方式幫助我們調節情緒生活，凱瑞特的研究成果也跟他們的發現相符。

凱瑞特從一九六〇年代早期就活躍於夢境研究的領域中，她在那時成立了她的第一個睡眠研究室，同時自己也經歷了離婚的過程。「我感覺沮喪，而且睡得不太好，所以我想或許我可以在晚上做點有建設性的事。」她回憶道。她從小就著迷於夢境，因爲她的詩人母親會做一些很鮮明的夢，還在早餐時跟全家人分享，而她心性較爲實際的父親則聲稱他從不作夢。「爲什麼有些人很會作夢，其他人卻不是這樣，這點總是讓我很好奇。」凱瑞特說。

雖然她剛展開職業生涯的時候，是與知名心理治療專家羅傑斯一起做研究，但在她的祕書讓她注意到剛崛起的夢境研究領域之後（這位祕書正好在跟迪蒙特約會，當時他還在發現REM睡眠的芝加哥實驗室裡工作），她就轉向夢境研究了。凱瑞特說：「我的祕書跟迪蒙特通完電話以後，會興奮地大談他們如何發現眼球運動指出人類何時作夢，而我就會說：『嗯，那是很有趣啊，但我們還有工作要做呢。』她後來嫁給迪蒙特，從此過著幸福快樂的生活，而我終於領悟到夢境研究的重要性，從此之後就上鉤了。」

多年來她對夢境內容的研究跟其他研究者一樣，顯示出夢中的主要情緒是負面的。有一項一九九一年的研究，比較了人在清醒時面對生活事件的情緒報告，還有夢境中的情緒報告，然後發現正面的情緒在夢中較不常見，而且夢中恐懼感的出現率比清醒時高出許多。好幾項分別來自研究室和家庭環境的夢境研究報告都一致同意，超過三分之二的夢中情緒是負面的。哪些特定感受是最常見的，不同的研究各有不同結論，但不管這些研究是在何時何地進行的，在情緒光譜上都落在大致相同的位置。舉例來說，在一項涵蓋一千名大學生的一九六六年研究中，百分之八十的情緒表現是負面的，其中有一半情緒被歸類爲憂慮感，另一半在紀錄中則屬於憂傷、憤怒或困惑。同樣地，在一九九六年由瑞士研究團隊進行的睡眠實驗室研究發現，負面情緒出現的頻率是正面情緒的兩倍，最常在報告中出現的是憤怒、恐懼和緊張。還有一項在二〇〇一年由塔夫茲大學研究團隊進行的研究，分析了一千四百份夢境報告，其中發現夢中影像最常反映的是恐懼，其次是無助、焦慮和罪惡感。

當然，正面情緒也會出現在夢中。二〇〇一年在挪威進行的一項研究中，喜悅或得意感是最常被回報的單一情緒，出現在百分之三十六的夢境報告裡，其次是驚訝感（出現在百分之二十四的報告裡），憤怒占了百分之十七，焦慮或恐懼則占百分之十一，悲傷則占百分之十。這項研究的主要作者佛斯暗示，正面情緒在這項研究裡的優勢地位可能跟研究進行的方式有關。實驗者使用可攜式的腦波儀，在受試者家中監測他們，在REM期把他們叫醒取得夢境報告，然後要求受試者自己註記夢中情緒的發生率與強度。佛斯主張，獨立的裁判者在記錄夢境報告時，傾向於低估正面情緒的出現率，而且在受試者自己醒來後報告夢境時，帶有負面情緒的夢境會占多數，因爲這種夢境通常會打斷睡眠，因此最有可能被記得。凱瑞特則反駁，在她的實驗室研究裡，作夢者也會在夢做到一半時被喚醒，然而大多數的情緒仍是負面的，跟大多數對夢境報告所做的研究結果相同。佛斯承認有許多其他因素——包括對情緒的不同認知，還有受試者的人格型態——都有可能影響結果，在設計大規模夢境情緒研究時，這樣的變數應該考慮在內。佛斯的研究只有九個受試者，年齡範圍從三十一歲到六十歲不等。

凱瑞特在作夢受試者身上發現沮喪情緒占上風，這讓她懷疑整合情緒經驗（特別是對個人自尊造成壓力或損害的經驗）是REM睡眠中發生的一部分重要事件，我們最複雜鮮明的夢境就是出現在那個時期。而且順理成章的是，這種負面情緒色彩也跟REM演化成生存相關資訊「離線」處理系統的證據相符。「我們的腦賦予我們的每項經驗一個情緒標籤，而這些在REM睡眠期被挑出來處理的經驗，主要是讓我們憤怒、恐懼、沮喪或焦慮的經驗。負面和正面情緒的混合比例，在某個一整天過得順心如意、情緒狀態很不錯的人身上可能是六十比四十，對於某個奮力應付重重問題的人可能就跳到九十五比五，但毫無疑問，對每個人來說都是負面情緒偏多。這些情緒是我們必須處理的，這樣我們才能起身面對第二天。」凱瑞特解釋道。

針對作夢大腦的造影研究在一九九○年代晚期出現，更進一步強化了她的信念；造影研究顯示，邊緣系統（情緒性記憶中樞）的構造在REM睡眠期活躍的程度遠超過清醒時，此時前額葉皮質負責邏輯思考的部分幾乎關閉了。更有甚者，在REM期間確實被激發的皮質區域，就是那些和杏仁核在解剖構造上有許多關聯的區域；杏仁核這個腦部構造觸發我們的「打或逃」反應，也在下意識的情緒性學習中扮演了重要的角色。馬蓋正是以腦部造影技術來研究REM睡眠的先驅之一，他做出結論：這些特定腦區之間的交互作用，確實反映出情緒記憶的處理過程。

凱瑞特主張，當你在作夢的時候，你是在更新構成你這個人的概念。你可能偶爾有一晚上「放假」，在夢中純粹只是玩樂，因爲你在這一刻的人生算是平靜無事；但在大多數夜晚裡，你會帶著還未解決的情緒問題入睡。這些問題可能是：你不小心聽到別人說你胖了，自尊心因此受了小小的打擊；對工作是否不保的憂慮揮之不去；或者因爲和配偶或子女起爭執而帶來深切的煩惱。當你進入REM期時，腦部的情緒記憶系統突然高速運轉，它一聲令下，就根據你在一日將盡時占優勢的任何情緒，找出在某種程度上相關的影像拼在一起，形塑夢境。「在我們醒來的時候，我們習慣以符合邏輯的線性方式思考，一件事會以線性途徑導致下一件事，」凱瑞特說：「但夢的建構方式比較像蘇格蘭方格呢花紋，最近的記憶放置在較早記憶之上，不過整體的連結是透過感覺，而非邏輯。」

凱瑞特在一九九八年發表的研究裡，比較了六十個普通成人和七十個臨床上有憂鬱病徵的人；她根據這研究指出，對多數人來說，夜間第一個REM期裡的夢包含了最負面的情緒，在隨後的每個REM階段裡，夢在情緒上變得更正面，也融入了時間上更早的自傳性記憶元素。其他研究者也發現，融合了童年記憶的夢境傾向於出現在夜晚較後面的階段，這跟體溫到達最低點的時刻正好相疊。

「如果你入睡時，注意力集中在現有某個情愛關係中令人失望的事情上，你的腦就會吸收現行的資訊，然後把這個資訊覆蓋在符合同類情緒記憶網絡的某些經驗上。」她這樣表示。在相繼而來的每段REM期裡，夢境情節愈變愈複雜，並且包含逐漸遠離目前現狀的更早期影像。就因為這樣，在一個以你跟老闆之間的相處困難為主題建立的夢境中，你一年級時的老師可能會客串演出。如果到了晚上最後一個REM期，你的腦部發現在長期記憶中的某些事件有著類似的感受，確有比較正面的結果，那麼你早上的夢境會變得更宜人些，你的心情也會改善。

然而，在苦於憂鬱的病人身上，作夢模式卻大不相同。他們傾向於比不沮喪的人更早進入第一段REM期，而且他們在那個階段回報的夢境裡，任何一種情緒都少得驚人。但隨著夜色漸深，他們的夢變得更加地負面。「苦於憂鬱的人通常會在清醒時反覆思量，」她指出：「如果你告訴他們，他們看起來很棒，他們可能把這句話往壞處想，狐疑你這樣說是否只因想跟他借錢。在REM期間，他們也可能從記憶中找出完全負面的影像，強化一開始觸發這些夢境的焦慮或恐懼。如果你的大腦在作夢時織出的蘇格蘭花格呢，全都是接二連三帶來負面結果的影像，不難想見你醒來時會覺得更加沮喪。」

在她最新的研究中，凱瑞特招募了一批受試者，他們經歷第一度婚姻破裂，而且他們在加入研究前接受的心理測試裡，顯示有臨床憂鬱症的症狀，雖然他們並不自知，也未接受治療。凱瑞特說：「我想看看他們如何靠自己克服這一切，因爲有不少婚姻破裂的人確實有一次嚴重的憂鬱症發作期，而且多數人沒吃藥也沒接受治療就恢復了。」在五個月期間內，受試者的作夢模式在睡眠實驗室裡定期接受研究。他們也定期跟凱瑞特見面，提出進度報告，說明他們的婚姻問題如何被解決，還有他們如何處理自己的情緒。到最後，他們再度接受憂鬱症狀的測試，這次測試的結果被拿來跟初次測試結果比較。前十二名完成這項研究的人，又接受了更長時間（八個月）的監督，其中九個人從與離婚有關的憂鬱症狀中恢復了。另外三個人的測試結果顯示，他們在研究結束的時候仍然很沮喪。這兩組人的作夢模式之間也有很大的差異。在那些克服憂鬱症狀的人之中，有百分之五十二報告了通常包含前任配偶或婚姻失敗等情節，然而發展良好的夢境，而仍舊很憂鬱的那一組人裡，僅百分之二十四回報了這樣的夢境。雖然凱瑞特說，不論我們記不記得，夢都可以執行這種治療功能，但那些從憂鬱中復原的人成功回憶夢境的比率也是未能復原者的兩倍，所以記得夢境內容可能增加了夢的療效。

同樣地，德國研究者史瑞鐸針對參與住院療程的戒酒病患做了一項研究，其中顯示：在剛戒酒後，較能夠成功想起與飲酒相關夢境的病患，在隨後一年內最有可能保持清醒。史瑞鐸在曼罕心理衛生總院的睡眠實驗室裡主持研究，他的結論是：夢到有機會再喝到酒，並想起這些夢境，可能對治療成功有幫助，因爲這樣的夢幫助建立適當的處理機制，可避免在清醒時再度破戒。

凱瑞特說，對於那些克服離婚憂鬱症狀的人來說，前配偶在夢中扮演的角色也會隨時間而轉變：「剛開始的時候，前配偶在夢中會催生憤怒或不開心的感覺，但在接近研究尾聲時的夢境報告裡，前配偶出現的方式顯示出作夢者現已從這種關係中解脫，能享受重獲獨立的身分和自由感。」下面的夢境報告是在研究的最後一個月裡出現的，這位從憂鬱中復原的女士，正好闡明凱瑞特的觀點：

> 我希望我能夠找出時間回學校去。我打算打電話到大學裡去問問課程表，但我找不到電話號碼。我想我們是在迪士尼樂園裡度假。就只有我們三個人，我的兒子們跟我。感覺很好，也很讓人情緒激動。我們都很久沒度假了。這顯得很怪異，因為通常我必須獲得他們爸爸的許可，才能帶著孩子去，不過因為某種理由，這回沒關係。是我選擇要帶他們去度假的。我不必事先問過誰。

另一個受試者夢到他前妻嘗試用各種詭計逼他退出一場大賽，賽事中的所有競爭者都搭乘如二次世界大戰裡那種轟炸機飛行。作夢者的飛機裡有另一個女人伴著他。「在這個夢中，我太太講法語。我被自己的缺乏參與感、毫無連帶感給嚇到了。我眞的沒有投入去會關心發生什麼事。」這位男士這麼說，他把自己在這個夢中的疏離感視爲正面的反應。凱瑞特注意到，這位作夢者本人並不講法語，並且同意這個夢把這個男人和前任配偶健康的分離感給戲劇化了。「他用這種方式說：『我前妻可以隨她的意思怒斥我跟別的女人約會，但我不在乎了，而且我甚至不明白她在講什麼。』」凱瑞特如此解釋。

她的結論是，形成並回憶「好夢」的能力，在你現有情緒狀態和舊有記憶之間做出正面的連結，這顯然增進了你克服憂鬱症狀的機率。在她最新的研究裡，凱瑞特也測試了一個新理論，內容是：如何讓這種現象出現在REM睡眠未能發揮心情調節功能的人身上。凱瑞特表示：「許多證據顯示，打斷正常人的REM睡眠會讓他們醒來時更易怒、更疲憊，但抑制那些臨床憂鬱症患者的REM睡眠，實際上會改善他們早上的心情與精神狀態。」憂鬱者所經歷到的REM睡眠實際上傾向於惡化而非改善心境，因爲在他們的夢中，他們強化了在清醒時盤據心頭的負面自覺、還有反覆出現的意念。

循著這個想法，她開始懷疑，在實驗室裡用來收集夢境的過程本身是否能發揮醫療功能——因爲這牽涉到重複打斷REM睡眠。對於憂鬱和普通的受試者，凱瑞特都遵循嚴格的規範，並據此規範叫醒受試者，喚醒時間分別在進入第一段REM期五分鐘後、第二段REM期十分鐘後、第三段REM期十五分鐘後，再來的REM期則是二十分鐘後。爲了在夢可能仍在進行時就打斷REM睡眠，這樣的喚醒時間架構是設定好要配合實際狀況：REM期隨著夜晚的進行而增長。這樣持續的干擾，促使凱瑞特的某位受試者開玩笑地送她一只宣傳品式的胸章，藉以表達那種挫折的心情：上面有一排大字寫著「我有一個夢」，底下還有一排小字：「……而我希望妳讓我把它做完。」

凱瑞特研究故意打斷憂鬱受試者的重複性負面夢境模式，是否能夠刺激他們的情緒記憶系統有所突破，產生新的聯想，從而讓夢有更正面的結果，並改善早上的心情。「在REM期重複叫醒他們，讓他們對實驗人員重述夢境景象，並且切斷夢境的負面結局，那麼在他們進入下一個REM階段的時候，如果記憶系統裡面有一個正面的途徑存在，他們將更有機會採取這條途徑。」她說：「而且，當你打斷REM的時候，會迫使腦部更努力嘗試進入REM階段；在我們的研究中，我們看到受試者從每夜平均三次REM期變成平均每夜五次。那讓他們有更多機會讓這個過程發揮應有的功能。」

縮短REM期，也讓REM眞正發生時的情緒強度增加，這可以從REM期的眼部運動測量出來。「長期以來我們都知道，貧乏的眼部運動會跟平淡的夢一起出現，密集的眼部運動則和情緒起伏更大的夢一起出現。」她這麼解釋。「我眞的認爲，我現在抓到問題的關鍵了。藉著打斷REM期並且破壞愈來愈負面的夢境循環，我們在研究中看到憂鬱受試者沒吃藥、也沒接受心理治療所得到的進步。」

在解決同一個問題時，諾夫辛格採取了不同的路線，他檢視夢在調節心情方面是否扮演某種角色時，窺看健康受試者和接受憂鬱症治療者的大腦，比較他們睡覺和清醒時的腦部運作狀態。他發現驚人的證據，指出健康受試者在REM睡眠時的腦部生理狀態與憂鬱患者大有差別。諾夫辛格是位精神科醫師，也在匹茲堡的西方精神醫學機構暨診所，主持這裡的睡眠造影研究計畫；他是在一九九七年透過正子斷層掃描，提供第一批作夢大腦影像的其中一位研究者。他當時看到的景象引導他開始懷疑，整合日常情緒經驗確實是REM期間腦部作業的重點。

諾夫辛格取得的第一幅作夢大腦影像，就掛在他辦公室的門旁邊。那幅影像是透過正子斷層掃描而做出來的，清楚地顯示腦部邊緣系統全力運作的樣子。「把REM期的腦拿來跟清醒時的腦相比，邊緣系統的活躍程度增加了百分之十五。這是很大量的，因爲通常在腦部活動的區域轉移時，只會看到百分之三或四的增加。很明顯，在REM期我們接上了情緒行爲的中心，而且我們看到有某種處理工作湧入大腦之中。」諾夫辛格這麼說，他愈來愈相信，這種處理工作就是整合即時和過去的情緒經驗。

他自己在大學時代寫夢境日記的經驗，也帶給他啓發。諾夫辛格說：「在大學時期的某段時間裡記錄我的夢，讓我很清楚地知道，我們生命中有一股情緒暗流，會出現在夢中。同樣的故事發展會在兩三個月內演完一回，而且夢反映的似乎是情緒的規範和成長。」

在他的正子斷層掃描研究中，諾夫辛格在受試者早上醒來二到四小時後才做掃描，因爲對於身體自然日常節奏的研究顯示，我們通常在每天的這個時候最清醒。隨後他在非REM睡眠與REM睡眠期都做掃描。健康受試者清醒時的影像顯示，處理感官資訊和直接邏輯思考的皮質外側區域，活躍程度遠高過邊緣系統和腦幹。在非REM睡眠時，那些做決策和引導注意力的皮質區逐漸鬆懈，擔任外部資訊感官入口的腦區也進入比較平靜的狀態。

在REM期，腦部活動最高峰出現在邊緣系統中稱爲前扣帶迴的部位，這是位於皮質內層表面的一塊區域，諾夫辛格認爲，這裡似乎會爲任何一種處理資訊的作業而積極行動，「可能跟我們在環境中察覺變化、並且賦予經驗意義有關」。

其他研究者也把注意力集中在腦部前面這個結構所扮演的關鍵角色。諾貝爾獎得主克里克，在他的著作《驚異的假說》中檢視意識的神經基礎，他在書中推測，前扣帶迴是自由意志的中樞，我們就是從中產生「有個『自我』可以獨立行動」的感覺。

布勞恩和巴爾金在國家衛生研究院進行他們初步的腦部造影研究時，也發現前扣帶迴在REM睡眠期達到活動顛峰。有一個比較晚近的研究，把腦部在醒來五分鐘後和二十分鐘後的表現拿來做比較，顯示出前額葉皮質在醒來後要過二十分鐘才會徹底活躍，布勞恩跟巴爾金相信，這一點最足以解釋人剛醒來時的特質：不夠清醒、認知表現低落。相對來說，他們發現前扣帶在人剛醒來時就很活躍，其活動在接下來二十分鐘內並無改變，跟其他腦區的功能聯繫也沒有變化。「在我們的詮釋之下，這表示前扣帶皮質支援的是意識本身，」布勞恩說：「克里克的理論認爲前扣帶是自我感的來源，而現在根據我們的結果，我認爲他可能是對的。」

諾夫辛格對照憂鬱與健康受試者的研究指出，這個連結到自我意識的關鍵腦區不只是在

REM期活躍，這些系統也負責偵測重要情緒經驗、觸發更原始的衝動（像是「打或逃」的直覺和性衝動）。在沒有憂鬱症狀的受試者身上，這些情緒中樞就是作夢時讓皮質區產生活動的動力所在。他說：「夢似乎從白晝時光汲取引發情緒的資訊，然後連接到皮質中的大量資訊裡；皮質中的資訊有屬於特定物種的，也有來自個人自身經驗的。」但是在清醒的時候，這些在REM期間大量放電的區域會趨緩到幾乎停擺的速度。

然而，在憂鬱的受試者身上，掃描圖像出現顯然不同的模式。在作夢時，憂鬱受試者腦中的情緒網絡比正常對照組更活躍——活動的強度顯示出受試者有緊張的反應。在憂鬱受試者身上，邊緣系統的高度放電狀態隨之明顯地激發了前額葉皮質區，還有在清醒時活動以便解決問題、進行邏輯思考的相關皮質區。當然，對於不受憂鬱症狀困擾的人來說，這些區域在作夢和其他睡眠階段中幾乎完全處於「離線」狀態。

「對於健康的受試者來說，REM期間邊緣系統自由活動，情緒也動盪激烈，但是並不會產生憂鬱受試者身上那種緊張反應，而且皮質的決策區處於休息狀態。」諾夫辛格說：「但是在憂鬱的受試者身上，腦部解決問題的區域似乎從不休息，在他們清醒時刻形成特色的重複模式，整晚都持續著。」就像凱瑞特一樣，他的結論是，這一點可能就解釋了REM睡眠爲何對憂鬱症患者沒有恢復效果，反而讓他們陷入更負面的心理狀態中。

實際上，某些心理學家認爲，運作得宜的作夢系統可能比各種鼓勵患者更內省、更進一步反覆思考的心理治療還有效。根據英國心理學家格里芬的說法，「佛洛伊德對於無意識心靈有一套很像污水池的解釋模型：沒有完全表達的情緒會排放到壓抑的污水池裡，治療師的工作就是釋出這些有毒的情緒，藉此解放當事者。」格里芬花了超過十年研究REM睡眠和夢的演化，他說：「但研究已經清楚地指出，夢，每天晚上都在幫我們做這件事。換句話說，自然界實際上早就已經發明這套情緒排水系統，遙遙領先佛洛伊德。」

如果REM睡眠確實是我們調節心情的「離線」工具，在我們做噩夢的時候腦子裡發生了什麼事？根據哈特曼的說法，噩夢（特別是經歷過戰爭、強暴、車禍或其他創傷經驗者常會反覆做的那種噩夢），實際上提供我們一扇理想的窗口，去了解所有的夢是如何在記憶系統中做廣泛連結，並創造出反映此刻主要情緒的視覺影像。哈特曼是塔夫茲大學的精神醫學教授，還是波士頓地區牛頓衛斯理醫院睡眠失調中心的主任。雖然哈特曼的父親曾是佛洛伊德的同事，哈特曼對於我們如何作夢、爲何作夢所建立的理論（以他對創傷經驗受害者所做的詳盡研究爲基礎），卻牴觸了佛洛伊德的中心主旨：每個夢都滿足了某個隱藏的願望。然而佛洛伊德的另一概念，夢是通往心靈無意識活動的捷徑，卻和哈特曼的發現得以相容。

哈特曼說：「我們之中有許多人過著相當平凡的生活，會有許多情緒焦點同時活躍，不容易確定一個主導性的情緒，所以我們的夢境可能顯得很混亂，甚至雜亂無章。」然而，在某個剛受創的人身上，要處理的情緒既強烈又顯著，這更容易讓腦部把情緒轉化成令人動容的視覺影像，當作現有感受的隱喻。舉例來說，一位經歷殘酷強姦事件的女士告訴哈特曼下面的夢境，她是在攻擊事件後數周內記下這些夢：

我跟一位女性朋友還有她四歲的女兒，一起沿著街道行走。一幫穿著黑皮衣的青少年開始攻擊那孩子。我的朋友逃跑了。我試圖把孩子救出來，但我發現我的衣服也被剝掉了。我醒來時非常害怕。

在某些窗簾之類的東西開始讓我窒息的時候，我試著走到浴室去。我又嗆又咳地想吸進一點空氣。我有種在尖叫的感覺，但實際上我沒發出任何聲音。

我跟影帝雷克哈里遜一起拍片。然後我聽到一輛火車直接朝我們這裡開過來，聲音愈來愈大；在我醒來的時候，火車都要壓到我們身上了。

這一個夢完全是彩色的。我人在海灘上。一個旋風吹來把我給捲進去。我穿著一件有流蘇的裙子。旋風把我捲得團團轉。流蘇變成了讓我窒息的蛇，我醒來時滿心驚懼。

這位女士的夢裡包含她遭到強姦的實際細節——十八歲的強姦犯從窗簾後面的窗口進入，並且威脅要用窗簾悶死她——她主要夢到的是她的那種恐懼感和無助感：兒童遭受攻擊，她被悶住，一輛火車朝她直衝過來，把她裹起來的旋風。

哈特曼說，實際上夢擔負著以視覺形式把情緒「編進脈絡裡」的工作，旋風或者海浪經常暗喻壓倒性的恐懼。他指出有幾個逃過火災的人剛開始夢到火焰，但隨後夢到海浪，或者被一幫罪犯追趕。

哈特曼發現，創傷經驗在幾周內會逐漸緩和下來，這大半得歸功於作夢時進行的情緒處理過程；倖存者的夢境在這段時間裡，會遵循一種清晰可辨的模式。一開始，事件會以鮮明而戲劇化的方式重播，但通常至少有一處重大改變——包含某件實際上沒發生的事情。然後這些夢相當迅速地開始連結到其他資訊，或者情緒上相關的自傳性記憶。通常經歷過某種創傷的人，會夢到所有可能跟無助或罪惡感相關的其他類似創傷經驗。如果作夢者從導致他人死亡或受傷的創傷經驗中存活下來，「倖存者的罪惡感」這個主題幾乎總是會浮現。舉例來說，一個從火災中活下來卻失去兄弟的人報告：「在我夢中，多數時候我都會以某種方式被我哥哥弄傷，否則就是我會在某個意外裡受傷，但我哥哥卻毫髮無損。」

對於大多數人，噩夢逐漸地變成創傷事件經過修正的版本，此時皮質層的神經網絡把原始經驗連結到其他情緒相近的素材上，這些素材來自作夢者的生活或者想像。經過幾星期或幾個月的時間，創傷經驗在夢境生活中愈來愈少現形，並且在最後內容回歸常態，此時讓人困擾的經驗已被整合到其他正面經驗的記憶之中，相關的負面情緒也逐漸淡化。

哈特曼把這種作夢模式比擬成一種自動內在治療。剛開始時，透過作夢者內心迴響出來的情緒訊息是：「這是有史以來最可怕的事情了！怎麼可能有人熬得過去？」哈特曼說，作夢的腦隨後嘗試重現此事，並且連結各種影像，從本質上來說提供的是下面這種反應：

好吧，我們來看看出了什麼事。讓你自己來描繪一下這件事，還有來到你心頭的其他圖像。描繪你想到的任何事，描繪其他的災難。你也開始看到陷入類似處境的其他人了。

全部這些情景都很駭人，不過沒什麼特別的；看來那些人還是繼續活下去啦。說真的，這有沒有讓你想起其他事情了？讓我們來瞧瞧讓你心驚膽戰的其他時刻吧。不完全一樣嗎？是不一樣，不過我們繼續看下去吧；不是有某種相似的感覺嗎？我們來看看還有什麼其他相關的事件。以前你都熬過來了。其實，這回你似乎也能熬過去。

好的心理治療跟夢境都會提供同樣的治療性益處：容許你在一個安全之地做出心理聯想。「治療師會容許病患——特別是經歷創傷經驗的病患——回頭以許多不同方式說出他們的故事，在這個創傷和病患生活中的其他部分做出連結；整體而言，就是做出連結並嘗試把創傷融入。」哈特曼表示：「作夢至少會執行某些類似功能。」當最近的擾人事件與過去的經驗有搭上線以後，情緒就不會那麼強烈，創傷也能漸漸得到整合。

芭瑞特在九一一事件之後所蒐集的夢境報告裡，就能很清楚地看到這種創傷後的作夢模式。芭瑞特是哈佛大學的心理學教授，也是《創傷與夢》一書的編輯。她所引用的例子裡，最戲劇性的應該是空中交通管制員歐布萊恩，在那個悲劇性的早晨，她負責引導美國航空七十七號班機從杜勒斯機場起飛。一小時候，她看著那架飛機（在她雷達螢幕上的小光點）直奔白宮，然後轉向撞進五角大廈。隨後的好幾個夜晚，歐布萊恩都做了噩夢。「我從床上坐起來好多次，重新體驗、重新看見、重新聽見那一刻，」歐布萊恩表示。但在幾個月內，哈特曼描述的治療過程顯然已經啓動了，因爲歐布萊恩回報，她的夢境有所改變。她夢到雷達顯示器就像她眼前的一個綠色池子：「這是一池膠狀物質，而我把手伸進雷達顯示器裡阻止那班客機。」她這麼說。「但是在夢裡，我並沒有對那架飛機造成傷害。我只是把那班飛機握在手裡，然後不知怎的，就阻止了一切。」

有一位住在紐約市的女性當時剛從地鐵站出來，就在世貿中心旁邊的街道上目擊許多人從燃燒的大樓上跳下來死去，這幕恐怖的畫面同樣在她一開始的夢境裡原樣重現。幾個星期過後，她自己的創傷反應平靜下來了，然而夢境也改變了，她不再無助地旁觀，而是給所有從建築物上跳下來的人一把彩色陽傘，讓他們能夠慢慢地安全降落。

夢境所提供的自然療法，當然也可以藉由親友支持網絡，或者以解決創傷爲重點的治療，在清醒時刻補強並加速進展。「在沒有治療介入、研究者純粹只是追蹤創傷後發生什麼事的狀況下，能夠好轉的人多半做了處理這個主題的夢，而且這些復原者通常也有良好的社會支援。」芭瑞特說。

當然，對某些創傷事件生還者來說，這套REM期間的情緒調節程序似乎沒作用。經歷情緒或者生理創傷的人之中，有百分之二十五得了創傷後壓力症候群，這種症狀通常伴隨著重複的噩夢；夢中以大致接近實況的方式重現創傷事件，但有時會加入額外的情緒元素，讓場景有某些改變。哈特曼的受試者之中有位越戰退伍軍人，他的戰地任務就是打開屍袋確認死亡美軍的身分，這樣的工作本身就很難受，但他之所以受到重創，是因爲冷不防看到自己的摯友就在其中一個袋子裡。隨後他腦中一直重複出現的夢境，不只是單純地重現那個經驗，而是併入了一段情節變化，哈特曼說這段情節把倖存者的罪惡感給編進去了：

我在做我的工作，一個接一個地打開屍袋……旁邊是各種尖叫聲和直升機的噪音。我打開那些袋子，最後一個打開的袋子裡面是我自己，我尖叫著醒來。

好幾個研究者都在調查創傷後壓力症候群，以便理解腦部是怎麼樣卡在這樣擾人的「重播」過程裡，還有要怎麼幫助大腦從中解放。匹茲堡大學的諾夫辛格計畫進一步延伸他的腦部造影研究，把焦點放在創傷後壓力症候群患者。「我們想知道，如果大腦中有這些似乎設定好無法更改，而且還夜夜重播的重複性主題夢境，它看起來會是什麼樣子。」諾夫辛格這麼說。

作夢的大腦會廣泛地搜尋合乎脈絡的隱喻，還有正面記憶的連結，以便幫助平息創傷導致的情緒風暴；根據哈特曼的說法，這只是其中最戲劇化的例子，同樣的過程在一般夢境中持續運作，這時候大腦以其他較稀鬆平常的事物爲中心，構築夢境中的影像。舉例來說，懷孕的女人在懷孕早期的夢裡通常會併入一些影像，反映出她們對體內變化的焦慮，以及對個人吸引力是否還在的恐懼。在懷孕後期的夢裡，則通常描繪出恐懼（寶寶會是什麼樣子？）或者焦慮（擔心自己沒準備好面對母職的要求）。

長期的焦慮可能也會以隱喻的形式表現。哈特曼提供了一個例子，有位帶著兩個幼子的媽媽似乎對她的工作和配偶都很滿意，但是她自己的父母親卻超級挑剔，讓她覺得不管她做了什麼，都應該可以更好才對。當她自己爲人父母的時候，她的童年焦慮——永遠做得不夠——突然間復甦了，隨後她發展出同一主題的重複夢境。她害怕自己有虧母職，這種情緒表現在像下面這些夢境報告裡：

> 我讓我兒子自己一個人待著，然後有隻大貓用爪子攻擊他，把他殺死了。
>
> 我人在緬因州海邊的一間旅館裡。我的兩個孩子在外面的兩個分離房間裡，潮汐漲得很快。我醒來時驚慌失措，擔心他們會淹死。

對此存疑的人指出，由腦部在夜間演出的這些內心戲劇，落幕後沒幾分鐘就幾乎都被忘光光了，怎麼可能有任何用處？可是，像哈特曼和凱瑞特這樣的研究者辯稱，在夢境中重要的是各種神經網絡連結的形成與再形成；這種生理過程有時加強了舊有記憶，其他時候則產生新的連結，並藉此把新經驗編入，更新我們對自我和世界的心智模型。這個夜間線路重設工程，跟過去有人提出的夢境演化來源理論吻合：夢的作用在於把攸關生死的資訊整合進來，而且，不管我們記不記得夢境內容，這種過程都會發生。

不過，那並不表示嘗試回憶夢境內容是徒勞無功的。雖然某些夢確實毫無意義，一個被記得的夢可能也爲我們正在對抗的情緒問題，提供白天時所忽略的洞見。回溯並反省某些夢境內容的能力，已被證明對未來的夢境模式和清醒時的行爲有影響。研究人員在過去十年裡做的許多研究，已經顯示記錄噩夢、然後在放鬆狀態下思索這些夢，或者以視覺想像這些夢的不同結局，能夠幫助破解原來的模式。在一個稱爲影像預演治療的技術中，受試者苦於重複出現的噩夢，他們在兩周的時間內，被要求每天預想一次正面的夢境結局。修正後的情節構成一個新的處理策略，有效地讓噩夢迴路「短路」了。根據芭瑞特的說法，把噩夢轉變成「支配性」夢境，不但減少或消除了擾人的夢，創傷反應的白晝症狀，像是回憶重現、過強的驚嚇反應與普遍性的焦慮，也都有自動減退的傾向。

凱瑞特已經發現，就算對於那些沒有創傷症狀的研究受試者，訓練他們重新思考負面的夢境場景、想像更正面的結果，也能在下一回帶來更正面的夢境，還有改善白天的態度。她引用一位女士爲例：她跟霸道的丈夫結束了婚姻，同時工作上也跟一位男性同事發生問題，她說那個人「踩在她頭上了」。這個女人做了一個關於前夫的夢，夢中他穿著沾滿泥巴的鞋子來到她的新公寓，毀了她的白色地毯；後來，凱瑞特敦促她想像改變夢中的影像，好讓她不再陷入受害者的角色中。在一個後續的夢境裡，這位女士發現自己躺在四周無牆的電梯平台上，驚恐地在毫無保護的狀況下，從密西根湖上空往上升。

但她在清醒時演練過的心理指示還在，叫她不要再當弱者，這個記憶也發揮作用了；在這個夢中，她決定無視於她的恐懼，站起身來。「她一站起來，電梯的四壁就出現了，安全地圍繞著她，她也理解到她要做的就是讓自己站起來，她會沒事的。」凱瑞特說。在夢境影像中解決她的逆來順受性格，似乎產生了一種同樣能進入清醒生活中的情緒轉移：這位女士決定跟她的老闆談談那位企圖暗中打壓她的同事，因此解決了問題。

「治療師如果能讓病患記起晚上的最後一個夢——通常對憂鬱病患來說是最負面的夢——對於哪些方面沒有進展、哪些東西需要注意，他們就會有個很好的切入點。」凱瑞特說：「跟佛洛伊德理論相反，關鍵議題並非隱藏著。關鍵就在那裡，非常顯而易見。」

當然，要檢視你的夢，實際上你必須記得這些夢，但大多數人能想起來的夢不超過全部的百分之一。雖然成人平均每個星期記住一到兩個夢，但個體差異度很大，某些人說他們從不作夢，卻也有些人能規律地重述他們每晚的冒險記事，而且細節詳實。針對爲何某些人比其他人更常記得夢境所做的研究，顯示出回憶能力跟智力無關，但可能在某種程度上，受到其他個人特質所影響。能經常回想起夢境的人有高於平均量的童年記憶，也更常做白日夢，並且通常有創造性的興趣，尤其是在視覺記憶方面。

夢境研究者認爲，某些簡單但有效的步驟可以增進受試者的夢境回憶能力。自我暗示效果驚人，就跟事先想好明早要在特定時刻起床一樣有效。哈佛心理學家芭瑞特建議，採取你最舒服的入眠姿勢，然後提醒自己幾次，你將會作夢，而且你想記得你的夢。

任何時候，只要你在夜間或者早上醒來，立刻自問你剛才夢見什麼，不要改變你的姿勢，或者讓平常清醒時的想法進入腦海。如果有某個個別夢境場景揮之不去，試著記住在那個場景之前或之後發生了什麼，你還看到什麼，夢中的角色是誰，還有你的心情如何。在你的床頭櫃上擺一本夢日誌，以便記下你記得的任何事——更棒的作法是一個聲控錄音機，這樣你就完全不用移動了。

執行夢境研究的科學家也發現，光靠寫夢境報告和夢境日誌，受試者的回憶能力都會有驚人的進步。時機是關鍵所在。雖然你在白天看到或聽到的某些事物，可能偶爾會引發你對前晚夢境的失落記憶，如果你不刻意努力在夢做完以後的幾分鐘內回憶它們，多數夢境都會被遺忘。許多研究已經顯示，在夜間因爲某些睡眠失調症狀（如睡眠呼吸暫停症候群）而經常醒來的人，通常也有超出平均值的夢境回憶能力。所以哈佛神經科學家史提高特說，要多想起一些夢的好辦法之一就是睡前喝一大堆水，這時他可不是在開玩笑。有可能你因此必須晚上多起來幾次，至少有個一兩次可能就在夢做到一半的時候。

但在大多數研究中，跟夢境回憶高比率最相關的變數，就是單純地對夢有興趣，所以會記住夢境的動機。既然作夢週期隨著夜晚進行而變長，較晚出現的早晨夢境更是其中最鮮明的，在周末或者其他可以晏起的時刻努力增進你的夢境記憶，也會增加你的成功率。

隨著你的回憶能力進步，你可能會對你所發現的事物感到驚訝，如果你自認爲甚少作夢，就更會覺得訝異。「我們把研究受試者在實驗室裡報告的夢境紀錄副本寄回去給他們，同時附上問卷，詢問他們是否認出了夢中的任何人，在夢與夢之間是否有什麼關係，跟他們現在生活裡發生的事有沒有任何關聯。」凱瑞特說：「然後呢，就算是那些否認夢有任何重要性或意義的受試者，哇，他們都一樣拚命地寫了一大堆。這根本就是精神分析ＤＩＹ！」

第七章　組織資訊的高手

佛洛伊德說對了一半，但整體來說是錯的。

——史提高特

紐約市立大學的認知心理學家安卓布斯如是說：「夢總是讓我著迷的地方，在於我們的大腦創造了某些讓它自己也很驚訝的事物。」安卓布斯在一九六〇年代進行了一些實驗，探索心靈如何在清醒時刻四處漫遊，從此之後便跨入了夢境研究的領域。他發現，如果你在白天每隔十或十二分鐘就查核一個受試者，讓他報告當時心裡在想什麼，意識清醒狀態下出現的思緒不連貫和場景更替，甚至比REM夢境裡更多。

安卓布斯和他的同事辛格也進行了其他實驗，他們在實驗中給受試者一項需要專注的任務，然後要求他們在心思開始遊蕩的時候給個信號。「我們認爲人的思緒會在幾分鐘後開始散漫，但是我們在實驗室裡研究他們的時候，間隔時間甚至更短——只有幾秒鐘。」安卓布斯說道，如同喬伊斯在他創新的小說《尤利西斯》所描述的，意識大部分是由內心滋生的一連串持續變換聯想及思緒所構成。「只有在外在世界的某些事物被大腦判定爲更重要的事情時，你的注意力才會從內在世界轉移開來。我們現在認爲，那種判斷指令是由邊緣系統的神經網絡所製造出來的。」安卓布斯說。

多虧有了腦部造影研究，顯示出作夢大腦的活動實況，下列事實也變得清楚明白：邊緣系統（指揮情緒和儲存情緒記憶的指揮中心）在作夢的意識中指導著夢境的演出。很明顯，夢是多層次心理活動的產物。腦部在此測試基因內建行爲以及與生存相關的行爲，還有回顧最近的經驗，並且把重要的新資訊整合到既有的記憶資料庫裡，以便更新我們對於世界運作方式和個人應對方法的概念。讓腦部的情緒中樞主控，表示最明顯被揀選出來處理的記憶，正是那些情緒反應大的記憶：焦慮、失落感、自尊上的打擊，還有身體或精神上的創傷。而且，這一切都是發生在不尋常的生理條件之下，此時幫助集中注意力的神經調節物質供應短缺，而且腦部只對自身內部產生的信號有反應。

不管我們記得與否，全部的活動都會發生並且發揮其功用。但是，了解腦部如何操控夢中的描述、還有檢視這些故事的過程，都很有趣也很有啓發性。努力回憶並檢視夜晚的心靈裡發生什麼事，不但能給個人一些心理方面的啓發（就像前一章提到的研究裡所顯示的），也能夠更進一步理解意識本身的本質（如果你學會如何在夢進行的時候察覺到它，就更是如此），有時候甚至還能帶來創造性的突破。如果你對於作夢時腦中發生何事，具備精確的科學知識，你就可以拋開過度簡化的夢境象徵辭典，在夢境詮釋方面達到更成熟的層次，很有智慧地回答我們從鮮明夢境中醒來時，都會自問的問題：那表示什麼意義？

破解大腦如何建構夢境故事的奧祕提供深具吸引力的洞見，除了與夢中如何汲取意義有關，也關乎清醒時心智如何運作。像是索姆斯和霍布森這樣的研究者，把注意力放在啓動作夢程序的生理歷程，安卓布斯和其他認知心理學家，則專注於最終產物的片片段段到底是如何組合起來，並且連接成一個讓作夢者覺得是別人編的故事。一九六〇年代安卓布斯剛開始研究夢境的時候，神經科學家認爲大腦區分成不同的「格子」或者區域，每個區域都有一個特定的功能。但是在一九八〇年代，神經網絡的革命性概念被引進，腦的功能被比擬成電腦的運作方式。最大的差異在於，電腦用以儲存資料的處理器數量顯得較爲有限，腦內神經元在網絡中的運算能力強過電腦不知多少倍。安卓布斯指出：「腦部在處理的資訊量多得讓人難以想像。我們所見的每件事、所想的每件事，都是奠基於數百萬神經元對任何知覺刺激所做的計算之上。這些神經元一起運作，然後指出這是一個人，或者這是一棟房子，而雖然不同人的面孔和不同房屋之間有種種差異，神經元能夠從中抽繹出辨認房舍或個人的關鍵特徵。」

當安卓布斯掌握到神經網絡運作的複雜性之後，他說自己有了個電光石火般的領悟：這些網絡的運作規則，解釋了夢境讓他困惑的某些面向；腦部如何能從滾瓜爛熟的記憶中提取素材，最後卻炮製出全新的影像，還有讓作夢者驚訝的情節？而且，爲什麼夢中角色和物體通常經歷魔術般的消失、再現和變形？他領悟到，清醒時刻進行聯想，並且計畫行動的同一套神經網絡，在睡眠時也指導腦部的活動，夢之所以出現讓人驚訝的元素，根源在於作夢時的神經網絡沒有來自外界的感官輸入，各種可能的神經連結模式活動因此不受限制。許多房屋的片段細節，或者各種面孔的特徵都被連結起來，組成一個我們前所未見的影像。

他甚至發展出一連串的神經網絡模型，用來模擬腦部製造夢境的過程。「腦部盡力合理化隨機的神經雜訊，並且將之傳遞到系統的下一部分去。如果一個包含兩點的視覺訊息在視覺皮質層被製造出來，頂葉皮質層有可能會把他們轉變成一對眼睛，隨後把那兩隻眼睛變成一張臉。如果那張臉沒有被認出來，邊緣系統就會說：『啊，這下麻煩了；咱們快逃吧。』那個信號抵達了運動系統，然後夢境的情節就展開了。」安卓布斯解釋道。關於夢境情節如何創造，他堅稱霍布森和麥卡利的理論有誤，因爲其中暗示必須有來自腦幹的輸入訊息，皮質層才能以某種方法合成一個夢。「他們從沒認知到，大腦可以從**任何**雜訊中創造出人類可理解的模式。」安卓布斯表示。

根據達特茅斯學院認知神經科學中心主任葛詹尼加的說法，腦部不管面對什麼樣的事物，就算全然荒謬無意義，也還是堅持要創造某種意義，這種不屈不撓的動力在清醒的時刻也掌握主控權，雖然我們通常沒察覺到，腦子裡那個編故事專家有多常誆騙我們。他的觀點基礎來自數百個極具啓發性的實驗，是他和其他研究者針對裂腦病人所做的研究；這些病患有嚴重癲癇症，藉由外科手術把連接左右腦半球的神經纖維束切斷後，才得以控制病情。

如同葛詹尼加的導師史培利在他贏得一九八一年諾貝爾獎的研究所顯示的，左腦半球專管語言技巧、書寫、複雜的數學計算和抽象思維。右腦半球本質上是非語言的，但它的專長包括處理幾何形狀和空間關係的相關事務、認知並享受音樂的種種複雜性、辨識人臉並偵測情緒。腦的右半邊基本上牽涉到認知這個世界，而左腦半球則是致力於分析這些知覺、解決問題，並且與外在世界溝通，特別是透過語言爲之。有超過百分之九十五的右撇子是由左腦掌控口語能力，百分之七十的左撇子也是如此。

根據對裂腦病患所做的實驗，葛詹尼加主張左腦包含了一個他稱爲「解釋者」的神經系統，「解釋者」會持續搜尋、提供對內在或外來認知經驗的解釋。他的研究清楚地顯示這個宣傳專家工作的實況。因爲裂腦病人的左右半腦之間沒有溝通，有可能藉此看到兩個半腦如何獨立處理它們主掌的資訊，任何一邊都不知道另一邊在做什麼。分析性的左腦沒有正確答案的時候，就會根據它確實有的資訊捏造出一個答案，就類似作夢的大腦會依自己的邏輯，把組合怪異的影像拼湊成一個故事。

在一個經典實驗中，他們向一位裂腦病人展示兩幅不同的圖片，並且限制了他的視野範圍，讓他的左腦半球只看到雞爪的影像，右半腦則只看到一幅雪景。病患受左腦半球控制的手選了一張有雞的圖片配合看到的雞爪，另一隻手則選了鏟子的圖片配合雪景畫面。當他被要求解釋這兩種選擇的時候，他左腦半球所做出的反應是：他看到了爪子，所以很自然地拿起雞的照片來配合雞爪；另外選了鏟子的圖片，則是因爲清理雞糞會用到鏟子。他無法解釋自己選擇鏟子的眞正理由，因爲他的左腦半球並沒看到雪景，但左腦裡面的解釋者還是替他的選擇提供了一則解釋；而且這個解釋還不是以嘗試性的猜測所提出的，而是當事人很有信心的「事實」陳述。

在另一個裂腦病人實驗裡，葛詹尼加要求受試者起身散散步，但那個指令只傳達到腦部的右半邊。當受試者被問到他爲什麼會推開椅子、然後站起來離開房間，他毫不猶豫地回答：「喔，我需要喝點東西。」再一次，就算左半腦對於當事人爲何要離開房間毫無線索，它還是硬湊出一個理由。「左腦會問A如何連結到B，而且在解決問題時會一直這麼做，也會對我們的感覺與所做的事情提出個人解釋。」葛詹尼加在《大腦比你先知道》裡解釋道。「解釋者一直在對我們的行爲、情緒、思想和夢境建立連續的敘述。這就像一種接著劑，把我們的故事統一，並且創造出我們作爲完整、理性行爲者的感受。」

當然，那並不表示左腦解釋者所編的故事必定可靠。葛詹尼加指出，解釋者對其他心理能力有影響，像是我們精確記憶過往事件的能力。當實驗者對一個裂腦病人展示一連串照片，照片中出現一項像是做餅乾之類的單純活動，隨後問另一系列圖片是否曾經出現在第一批圖片裡，兩個腦半球都能同樣精確地辨識出先前看過的圖片、排除沒看過的圖片。但是如果給受試者看主題相關、卻未包含在第一批圖片裡的新圖片時，只有右腦才能正確地剔除它先前沒看過的照片。左腦半球不正確地「回憶」起更多主題相關的圖片，可能是因爲這些圖片符合它所建立的「做餅乾」圖片模式。「一旦你理解到大腦很容易上當，你就不會想相信它所做的任何一件事了。它總是在試著把事情合理化，而且在這麼做的時候，它編造出來的東西可不只是夢而已。」安卓布斯表示。根據葛詹尼加的說法，我們腦子裡的這個文宣專家，在情緒性的事務方面塞給我們最多現成的決定。他說：「我們的自動化大腦把得失經驗都歸了檔，而在我們面對一個新選擇的時候，情緒性的大腦會幫助我們挑出該使用的認知策略——雖然說在隨後一段長得驚人的時間裡，我們自己都還不知道為什麼擇此棄彼。」

葛詹尼加主張，只有人類有這種解釋系統，而這個系統之所以發展出來，是因為它給我們一種生存上的競爭優勢。舉例來說，雖然所有動物都能學會避開讓牠們生病的食物，卻只有人類有能力探問何以那種植物會致病，並且設計出一套策略避免重蹈覆轍。這種以左腦半球做為基地的推論能力，正是發展出解釋者的基礎，解釋者編造出關於我們清醒經驗的描述，也建立起構成我們夢境生活的故事。如同葛詹尼加所言：「這個冒出來幫助我們克服種種環境變遷的機制，讓我們這個物種對自己來說，也很有心理上的趣味性。」

雖然葛詹尼加的實驗重點放在清醒狀態下的受試者，許多研究者發現他的研究對於了解作夢過程來說，也很有啓發性，這些研究者包括兒童夢境的研究先驅富克斯。「葛詹尼加用『解釋系統』這個說法談到的每件事，在作夢時都具體表現出來了。」富克斯說：「解釋者在此時所做的編故事工作，比清醒時更驚人，因為睡眠時的腦部雖然處於活化狀態，但它所處理的素材卻是全然不同的。你失去了自我，失去這個世界，思想也不再有方向。在這樣的作業環境之下，腦部要把一切合理化是相當困難的，然而大腦還是做了它一向會做的事：編出一套說法。」在本質上，大腦在作夢時從不完整的證據直接跳到結論，就跟它清醒時所做的一樣；但在睡眠中，腦部必須拿來利用的材料甚至還更加破碎、雜亂無章。雖然某些夢境內容中反映的資訊，可能跟作夢者目前在清醒時所關注的事件相關，並且以類似思想的心智活動表現，其他部分則可能是這些顧慮的隱喻式呈現，還有別的部分可能就純屬虛構，是由清醒時為我們提供連貫敘述的文宣高手——左腦——即興拼湊的補白。

雖然作夢的大腦顯然運用了它在清醒時所仰賴的同一批認知能力，在大腦的運作法則中卻也明顯還有某些差異，讓夢中生活多了一種怪異的性質。場景是最常跟眞實世界產生衝突的夢境元素。場景會無預警地改變，或者某個場景本身會變成許多場景的奇異混合：你在一間似乎是你家的房子裡，但是這房子是在海灘上而不是城市裡，其中某些房間似乎是一間博物館或旅館的一部分。塔夫茲大學夢境研究者哈特曼以他自己的一百個夢境做為樣本，結果發現有百分之六十場景包含一棟怪房子，這房子是從他自己家跟其他不相干建築（像是演講廳或者門廊）結合後所衍生出來的。哈特曼和為數愈來愈多的神經科學家都認為，夢中這種混淆複合現象的解釋，主要取決於睡眠時的生理變化如何改變腦部正常運作規則。

在清醒和睡眠的意識中，思緒或者幻想都是從神經元廣布各處的網絡中延伸出來的。但我們在清醒時想到一間房子的時候，我們通常指示腦部活化喚醒某間特定房舍的神經元網絡：我們在高中時的住處，我們養大孩子的地方，或者我們現在住的房子。然而在作夢的過程中，有邏輯傾向的前額葉皮質並不活躍，來自外在世界的感官輸入也關上了，腦部所做的連結範圍更廣。在代表「房屋」的神經元模式放電的時候，腦部不會找出關於房子的某個特定回憶，而是激發好幾個表示各種房屋和類似構造物的神經網絡。

這些有較強烈幻覺性質的夢，在REM睡眠中出現得最爲頻繁，此時神經化學物質正腎上腺素的供應驟減。許多研究都已經顯示，正腎上腺素能夠增進皮質層的能力，排除同時間許多神經訊號一起放電造成的雜訊，並且鎖定某一特定信號。正腎上腺素在REM期的低含量，可能也造就出夢境中的過度聯想性質。不只是場景轉變，有時候連夢中角色都會冷不防換了個人：在火車上跟你一起旅行的人，可能在一開始是你姊姊，但是你再回頭看的時候會發現她變成你媽媽，或者乾脆整個不見了。哈佛大學霍布森研究室裡的研究人員做了一個研究，檢視了四百份夢境報告，發現在十一個例子裡，有某個角色變成另一個人，還有七個無生命物件變成另一種東西，但是沒有任何例子是人物變成物體，也沒有物體變成人物的狀況。然而，根據某位化名「芭布·桑德斯」的女士所提供的三千個夢境，東霍夫做了一項夢境內容分析研究，結果發現七個動物或物體變成人的例子，其中包括一隻黃色木馬變成一個很有藝術氣息的男性，還有一隻蜘蛛變成一個小人，這小人接著又變成一個亮著的燈泡；所以，對於控制夢境影像的原則，恐怕還無法輕下斷言。

這樣的夢中變形，長期以來都很吸引科學家的注意，實際上在十九世紀末，比利時心理學家戴伯夫分析過這類變形。戴伯夫注意到，當我們對他人重述夢境的時候，我們不會說一隻貓變成了一個年輕女人，而是說：「我在跟一隻貓玩，但是一陣子以後牠就不再是貓了，倒是變成了一個年輕小姐。」他提出理論：我們一開始夢到貓，然後又另外夢到了一個女人，我們的心智是在後來才創造出一個轉換點，好讓夢境有連續性。「戴伯夫說得很清楚，既然我們清醒時的思維實際上跟作夢時一樣混亂，夢境中的不一致也沒啥特別的。然而因為清醒的思維伴隨著邏輯上相關聯的知覺，這些思維似乎就比較融貫了。」史華慈對此提出解釋；她是瑞士日內瓦大學生理學暨臨床神經科學系的一位夢境研究者。

創造一個夢時會牽涉到這麼多操控和心理魔術，我們實際上能從最終產物裡汲取多少意義呢？首先，答案取決於夢境。相信每個夢境都值得詮釋，就像是假設你所說的每句話都同樣有趣、意義深遠。如同實驗室內的研究所顯示的，許多夢境普通得可以，我們就這麼把夢給睡過去了，以後也不再想起。事實上，國家衛生研究院研究員史耐德在夢境研究剛萌芽時所做的研究裡，發現受試者在研究室裡醒來後回報的夢境中，有百分之九十牽涉到「融貫的實際處境，在這些狀況中主體參與某些日常活動、或者該做的事情。」鮮明、情緒強烈或情節複雜的夢，較常在破曉時發生，在夢境進行中或剛結束時就醒來的機率也比較高。所以，那些更有電影風味的夢正是我們通常會想起來的夢，可能也是最值得回憶的夢。

如同有心理學傾向的研究者所做的研究所示，我們的腦在夜間編造的戲劇，有時候可以凸顯出我們當時最關心的情緒性問題。就算是不接受夢有任何生物功能的科學家，還是認可我們可以從夢中汲取意義。「夢有意義，是因為其中表現出我們的情緒顧慮，還有我們對自己和親近者的大概想法。」夢境內容分析專家東霍夫說：「雖然夢境報告中可以抽取出某些有意義的心理資訊，但我們也應該體認到夢境內容的某些面向，到頭來可能只是外界輸入關閉、前腦又處於活躍狀態時，腦部隨便拼湊出的即興演出。」

但是要理解夢境意義，不能靠著參照一本萬用夢境辭典了事——不管這本辭典的編撰根據是佛洛伊德理論、古代中國信仰，還是你在書店陳列的解夢書裡找到的其他任何解碼系統，都是一樣。以這種簡化的方式找尋意義的努力，可以追溯到希臘人的時代。第一本夢境詮釋的概括指南，是一本在西元一世紀成書的五卷百科全書，編者是阿特米多魯斯，他從遍及希臘、義大利和亞洲部分地區的旅行中，向萍水相逢的人蒐集到夢境報告。從阿特米多魯斯到現代的解夢書，都以這個假設爲基礎：夢中的所有材料都是象徵性的，而這些象徵有普遍性的重要含意。根據佛洛伊德之說，夢到牙齒掉落象徵去勢，然而另一本中國古代解夢書卻說，這樣的夢象徵作夢者的父母有性命之憂。

所有這些嚴格的解夢方法都有一個相同的弱點，夢境內容專家霍爾說得言簡意賅：「我們在阿特米多魯斯的書裡讀到，夢見吃乳酪表示作夢者會得到利益和好處。但是書裡並沒有說有時候這個夢是這種意思，或者必須視作夢者的狀態或活動出現的脈絡而定。在夢中吃乳酪的意義很明確、有普遍性、不受時間影響。就是因爲這種象徵指涉的關聯具有普遍性的特徵，解夢書才會這麼受歡迎。既然書中沒有需要判斷辨別能力的限定條件或者例外，任何人只要一書在手，都可以爲夢境解碼、預測未來。」

靠著普遍性的夢境象徵來探究我們夢境的意義，就等於低估了大腦變出夢境場景、反映個人特有日常心事時所發揮的創造力。英國夢境研究者法拉黛提供了一個很好的例子：夢境中融入了一個機智的視覺雙關語。她預定要上一個廣播節目，男主持人名叫「大個兒」

（Long John）尼貝爾，結果上節目前一晚，她夢見了一個穿著白色長睡衣的男人拿著機關槍掃射她。她過去沒見過尼貝爾，但她知道他素來有尖牙利嘴攻訐受訪者的名聲，這個視覺雙關夢境——被穿著長睡衣（long johns）的男人攻擊——顯然是拿這個主持人的名字開玩笑，夢境表現了她對上節目的焦慮。不管在一本精神分析書籍，或者夢境象徵辭典裡，槍和長睡衣可能有什麼意義，顯然都跟這個特殊的夢沒什麼關係。「這就好像心靈在作夢時故意找機會說雙關語，這樣才能透過影像表現抽象的概念。」路易斯安納大學的英語教授吉琪羅這麼說，她研究雙關夢境的語言學：「夢中較容易指出的雙關語，表示夢並不是沒有意義的，而且心智有其目的，要在睡夢中把抽象的概念變成一個具體的形式。」

佛洛伊德顯然借用了行之有年的作法：使用普遍性象徵作夢境解析，但是加入了他自己的不同見解，認爲所有象徵都是編出來掩飾我們在清醒時無法接受的恐懼或者欲望。既然他相信，刺激夢境的暗藏願望在本質上幾乎總跟性有關，霍爾所進行的心理分析文獻回顧研究結果，就不怎麼讓人意外了：霍爾發現，在七百零九個通常會被精神分析學家指出的夢中象徵裡，有一百零二個物件被歸爲陽具象徵，還有九十五個不同的象徵物被認爲代表陰道，此外另有五十五個物件被視爲性交的象徵。

現有的科學證據很明確地指出，受到壓抑的性願望或性恐懼並不是夢境創造背後的驅動力。就像反佛洛伊德份子樂於指出的一樣，有時候一支雪茄眞的就只是一支雪茄。佛洛伊德學者兼精神分析學家索姆斯承認，佛洛伊德宣稱夢中怪異的元素是因爲心靈試圖審查、僞裝禁忌性的願望與欲求，他「可能搞錯了」。相反地，夢中異狀可能只是因爲腦部在作夢時處於奇怪的生理狀態，腦部額葉中的理性系統並沒有完全運作。

可是，佛洛伊德也說對了某些重要的事情。就像腦部造影研究、還有調查因爲腦傷改變作夢方式的病患之後所顯示的結果，夢境受到強烈情緒和原始本能所驅策，而且是從記憶中抽取出來，其中包括新近的經驗和遙遠童年的記憶。就算反佛洛伊德派的霍布森，也同意他的敵人在另一個重要議題上一舉中的：「佛洛伊德也很正確地堅持，清醒意識中來自我們直覺性、情緒性大腦（或者用我們現在的講法，就是邊緣系統）的部分，遠比我們準備接受的還要來得多。更進一步來說，如果我們注意自己的夢，就可以預期藉此更了解直覺、情緒性的這一部分自我，而且，或許可以把夢當成起點，追蹤一連串互有關聯的思緒，直到深埋於直覺本能中的想像源頭爲止。」

霍布森提供了一個他自己的夢境，做爲這種詮釋的一個優良研究個案。在他的夢日誌裡，霍布森記錄了下面這個在一九八〇年十二月三日作的夢：

我到達一個會議現場，正在跟同事們寒暄。突然間我發現朱費在那裡。他認出我來，然後露出熱絡的笑容（他平常不是這樣打招呼）。我正打算大聲叫他，但此時我的腿突然沒了正常的肌肉支撐力，我整個人倒在地板上。我無法跟人溝通，而且感覺很失落。

「朱費」指的是那位法國夢境研究者朱費，霍布森在職業生涯早期曾在這位法國科學家的實驗室裡工作，兩人之間的關係屢見爭執。霍布森也在他的日誌裡記下一些評論，談到他對此夢境意義的詮釋。評論如下：

> 腿軟：我第一次聽到這個詞彙的法文說法時，我去濱海自由城美藝旅館赴一場祕密約會。當我回到實驗室時，朱費說我看起來像是「腳被切斷」了（les jambs coupees），這種說法被用來形容某個人在性方面筋疲力竭……
>
> 朱費的笑容：在將近十年的緊張個人關係與專業領域對立之後，終於開始和解了……今天我接到朱費寫來一封誠摯的信；很正式，但是也很誠心。
>
> 肌張力缺乏：朱費的偉大發現，跟REM睡眠同時出現的肌張力麻痺，就像是真實生活中的嗜睡症患者一樣，強烈的情緒（特別是驚訝）會造成張力缺乏症狀。或許我現在從我的行為裡肯定朱費的成就。

在做完這個夢以後好幾年再回想這則日記，霍布森說，雖然他的詮釋似乎點出眞相，卻沒有辦法知道此說是否精確解釋了他創造這個特殊夢境的原因。就算如此，霍布森爲了理解這個夢而做出個人性的意義聯想，是更理想的策略，勝過根據他人的象徵定義來對夢境做機械化的解碼。這種對個人意義的追尋，正是榮格所鼓吹的；針對情緒處理在夢境中的地位所做的研究，也支持這種取向，而非佛洛伊德式的詮釋。

如同REM睡眠在演化史和生物功能上的證據顯示的，榮格的另一概念可能也命中目標：夢中元素可以反映我們祖先的經驗史。確實，不是所有夢境都符合這一點，但是求生取向的夢境，像是變成獵人或者獵物的夢，確實顯得像是出自基因內建的集體遠祖經驗。夢境內容分析專家東霍夫總結道：整體而言，榮格觀察到夢境內容中有某些跨越個人與文化的共通性，這個觀察「很有可能包含在這個想法裡：隱喻性的概念是透過所有人類分享的發展經驗，以及漸進的語言社會化過程而取得，轉變成概念性隱喻的巨大寶庫，成爲我們文化傳承的一部分。」

從科學的觀點來看，不太可能斬釘截鐵地說某個夢表示A、B或C。或許我們最多只能做到把夢當成有用的工具，從中得到洞察自己情緒上的優先考量，並且了解左腦的解釋系統針對夢境意義編了個故事，就好像這同一位編故事專家先前也炮製出夢境的情節。在很大的程度上，意義視對象而定。精神生理學家拉貝吉說：「如果說人可以從墨漬上看到跟他們個人心事或人格相關的事情，那麼夢該會比墨漬更有啓發性，因爲夢是我們從自己心靈的內容中創造出的世界。夢可能不是什麼神祕信息，卻是我們自己最私密的個人創作。作爲這種創造物，夢確實就是被我們的現狀和未來可能的變貌所影響。」

第八章　創造性的混亂

說到作夢，最重要的是：這種時刻讓我們身上無人傾聽的部分，得以暢所欲言。

——芭瑞特

保羅．麥卡尼在一九六五年五月的一天早上醒來時，滿腦子都是同一個旋律。在他剛剛結束的夢境裡，他聽到有古典弦樂合奏著這個旋律。他對這段音樂太過著迷，因此他立刻起身，開始在他床邊的直式鋼琴上彈奏他剛剛聽到的音符；此時他住在母親在倫敦的家裡，披頭四這時正在這裡拍攝電影「救命！」。因為他曾經夢見過相同的曲調，他很確定這一定是別人的歌，他在某處正好聽到。

他開始到處試著找出這首歌的來源，但是找不到任何證據證明這首歌源於他的腦海之外。當他試著把這首歌彈給別人聽的時候，他們不只說以前從沒聽過，還說這首歌聽起來就像麥卡尼自己會寫的那種旋律。他遲遲不敢相信，他竟能透過作夢寫出如此具原創性的音樂，所以他只隨便編了幾句沒有意義的歌詞來配這首歌：「炒蛋啊，喔我的寶貝，我多麼愛妳的腿……」

在他下定決心，認為自己可以合法地聲稱這段夢中旋律屬於他以後，他終於全心投入，並且寫下「昨日」一曲的歌詞，隨後這首歌配上了他在夢中聽到的那種弦樂配置。幾乎四十年後，「昨日」仍然是有史以來在美國各廣播電台最常播放的單曲。麥卡尼多年後回顧這首歌，他說，這是他寫過「完成度最高的曲子」。「對於只發生在一場夢裡的事來說，連我都必須承認，顯然這是鴻運當頭。」

雖然藝術可能看似與作夢有天生的親密關係，在科學領域中的創造發明也曾透過夢境而來。有個切中要點的例子：有一種突破性的新藥劑，可大大降低對花生嚴重過敏的人喪命的風險，其功效在二○○三年春天公開，成爲各報的頭條新聞，但是導致這種藥劑在實驗室裡發展出來的原始構想，實際上來自夢境。張子文和他的妻子唐南珊從台灣遷往哈佛做研究，然後在一九八六年成立了唐誠生物科技公司。他們自己投入資金創業，他們做研究所需的老鼠就養在他們家車庫裡。張子文是一位免疫學家，他在找尋治療過敏與氣喘的新方法。過去的過敏藥物（如抗組織胺）的作用方式，是在過敏發作開始時吸入釋出的化學物質，但他的創新概念是運用經工程改造的蛋白質；這種蛋白質會跟身體內的物質結合，抵消過敏反應，從一開始就避免發生過敏。如同唐誠公司執行長唐南珊所說的，這個跳脫舊思維的新方法是在半夜出現的。「他實際上是在半夜的夢裡想到的，然後他把我叫醒，告訴了我。」她回憶：「我們那天晚上沒再入睡。」

其他的科學家、音樂家、運動家、數學家、作家和視覺藝術家，都說過類似這種在夢中靈機一動或者大有突破的時刻。他們之中許多人的故事，被哈佛心理學家芭瑞特記錄在她的著作《睡眠委員會》裡。芭瑞特本人從童年起就常常作夢，而且夢境鮮明；對她來說，創造力可以從某些人甚至不認爲有意識的狀態裡一躍而出，這個想法相當合理。她說：「在作夢時，我們會做內部的調整，會經驗到鮮明的視覺影像，慣用的邏輯系統停止運作，社會規範也鬆綁了；這一切讓我們能夠做出更有創意的聯想，勝過有大腦爲我們過濾不合邏輯想法的清醒時刻。」

雖然我們很難確定，大腦的設計就是要在晚上作夢時表現創意（絕對有更直接的方法可以達到智力或美學上的突破），睡眠時獨特的生理狀態，卻可能讓我們特別傾向於展現夜間的創造力，這相當於隨著作夢而來的附帶好處。有些人聲稱經常享受這種好處，其中一個人就是雪帕德，在他的職業生涯中，他對視覺和其他心理歷程提出了突破性的見解，影響領域遍及電腦科學、語言學、哲學和神經科學，因此獲頒國家科學獎章。雪帕德說，他在研究上的許多突破，都是來自早上清醒前不久所看到的視覺影像，其中包括一個立體結構「在空間中莊嚴地旋轉」的動態畫面，這幕影像構成他在一九七〇年代早期某個創新實驗的基礎；那項開創新局的實驗，是研究腦部如何執行心像旋轉（在腦海中改變立體物件的放置角度），藉此辨識立體物件。他也說，簡短的樂曲也會出現在他夢中，此外他夢中還有一些利用錯覺效果的奇妙影像，他會用素描畫下來，圖表八·一就是一例。

雪帕德多年來都在寫夢日誌，在下面這一則一九七九年一月的早晨之夢裡明顯可以看到，從有如另一個獨立自我的作夢大腦之中，創造力的高峰一躍而出：

圖八·一　這幅畫的標題是「腳的存在難題」，是科學家雪帕德在一九七四年某天早晨醒來前腦中冒出的視覺影像。他醒來之後迅速畫下的鉛筆素描，變成這幅墨水畫的基礎，雪帕德握有此圖的版權。這幅畫第一次發表於雪帕德的書《心眼所見》（*W. H. Freeman*, 1990）。

我跟我太太在一起，她正在跟一位醫師商談。我太太說明她的教職如何地瓜分了她跟孩子相處的時間。然後，在諮詢結束前，她問道：「你認為我應該做乳房X光（mammogram）嗎？」醫生回答：「不，我覺得那不必要。」接著他臉上慢慢綻放出一個調皮孩子似的笑容，又補上一句：「但是基於妳的職業所占用的時間，妳的孩子可能用得到迦瑪射線（gamma），女士（ma'am）。」

我愣了一下才恍然大悟，而且被逗得很開心：相對於「乳房X光」或「迦瑪射線」，「女士」一詞是在語音上完美的迴文。

雪帕德自己也對夢中的雙關語感到驚奇，這個事實引起他的注意；那句雙關語中的機智幽默，似乎是必須預先想好的。雪帕德說，這樣的夢「暗示了『我』沒有意識到的另一個心靈（姑且這麼說），正在『我』自己腦袋裡運作」。他觀察到，他的夢境經驗跟裂腦病人實驗中所顯示的心智運作過程雷同。

認知心理學家安卓布斯指出，夢中冒出的新觀念在我們意識清醒時顯得很陌生，理由之一可能在此：「在解決問題的時候，你通常會把問題的範圍限制在你認爲可行的解答選擇之內。但是在作夢時，所有的限制都放鬆了，所以你可能會看到過去並不顯而易見的解答。」安卓布斯這麼解釋。更進一步說，在不同於一般清醒思緒的異常意識狀態下達到創新突破時，可以理解的是，作夢者通常覺得跟夢中的創造過程之間缺乏連帶感；根據芭瑞特的說法，他所扮演的是觀察者的角色。

這裡有個很好的例子：哈佛物理學家霍羅維茲設計天體物理學上使用的天文望遠鏡控制機制，而有許多次當他試圖建造新型態雷射望遠鏡卻碰到瓶頸時，他說解決問題的新方法會在他夢中出現。照他所說的，「這些夢境裡有個旁白，他會在口頭上描述問題；然後那個聲音又會給出解答。我也會看到那個解答。我看到一個男人在那個機械裝置上工作，在排列光學儀器上的鏡片或者建造線路等等，就看那時候我是卡在哪一類的工作上面。」霍羅維茲說，他會把墨水筆跟鉛筆擺在床邊，以便寫下他所見的景象，因爲他如果沒有一醒來就立刻做紀錄，這些夢就會跟其他比較平常的夢一樣，被永遠忘記了。然後他會在上班時把筆記拿給他的同事看，宣布他眞的夢到了一種解答——他們現在已經對這種例行公事習以爲常了。

同樣地，在一九六〇年代，數學家紐曼在麻省理工學院努力解決一個新的理論性數學難題時，他發現他完全卡住了。這時候的紐曼屬於校內一個競爭激烈的數學家團體，其中一員就是納許，他的生平後來變成暢銷書《美麗境界》和同名電影的主題。

現在已經在費城過著退休生活的紐曼回憶：「我已經花了一星期左右琢磨這個問題，就是沒有進展，那時候我做了個夢，夢裡的我跟納許在劍橋市（麻省理工學院所在地）的一間餐廳裡。我問他這個問題，然後我聽他解釋如何解決。在我醒來的時候，我就有答案了。」

紐曼說，這種經驗對他來說是空前絕後的，而且夢裡的感覺強烈到讓在他出版論文時，眞的感謝納許對這項工作的貢獻——雖然這種幫助是透過夢境而來。「我之所以夢到他，是因爲這個問題正是納許著迷的那類問題。我覺得要是我跟他不是朋友，我就解決不了這個問題了。」紐曼說。

夢中成形的解題新方法，並不限於知性的謎題。就像鳥類在睡夢中練習唱歌，藉此增進自己的歌藝，運動家有時候會在有邏輯觀念的腦部休息時，發現加強表現的新方法。在一九六〇年代中期，專業高爾夫球選手尼可勞斯有過一段日子比賽失常，老是打出七十多桿。根據他告訴「舊金山紀事報」記者的回憶，最後他終於做了一個關於自己揮桿姿勢的夢，幫助他找回顛峰狀態。「我在夢裡面球打得很好，但突然之間我領悟到，我在夢裡握桿的方式跟我那陣子實際上的握法不同。」尼可勞斯說：「我要把右臂彎起來、把桿頭從球旁邊提起來時，總是會出問題，但是我在夢中做得很漂亮。所以我昨天早上來到球道的時候，我試著照著我夢裡的方式做，結果見效了。我昨天打了六十八桿，今天打了六十五桿。」

在夢中出現的破格思維，有時候也牽涉到更世俗的事情。在一九六〇年代，賀塔爾是在一個摩洛哥村莊服務的和平工作團志工，她教導當地婦女編織。雖然她知道如何編織毛衣或連指手套，卻有一位婦人下定決心要編一雙襪子——賀塔爾卻從來沒編過這種東西。「我想不通的部分是腳跟部位要怎麼彎過來。我全神貫注想解決這個問題，到最後，解答終於在晚上我作夢時出現了。夢中的我正在織襪子，而且在夢裡讓腳跟部位彎過來的方法很明確。我醒來以後，到手工藝中心去，做襪子給她們全部人看，作法就跟我夢裡一模一樣。」賀塔爾現在是麻州劍橋市的一位開業護士，她說她現在沒有什麼特別的夢境回憶了，夢中也沒有再出現過類似的創造力，所以這個事件在她心中顯得更加特殊。她說：「在一場夢中學習做某件我從來沒做過的事，這種經驗實在很特別，所以在這麼多年過後，我還是會跟別人講起這件事。」

在夢中出現的創意突破，通常是透過視覺暗喻而來的。舉例來說，何奧努力想發明縫紉機的時候，他的困難在於，要如何讓針固定在機器上、同時又能輕易地穿過布料，因爲他仍然採用手持縫紉針的模式：穿線的針孔是位於針尖的另一端。在一個夢境中，他身邊圍繞著身上塗抹了戰鬥油彩的土著，他們要把他帶去處決。當他被拉去受死的時候，他注意到戰士們手中的戰矛在接近尖端處開了孔眼。夢醒時，他領悟到縫紉機的針應該採用夢中那種戰矛的模式，穿線的孔眼要在尖端，問題到最後確實就是這樣解決的。

夢導致發明，還有一個更近期的例子：AT&T貝爾實驗室光纖計算研究部門的主任黃亞倫（Allen Huang，音譯）試圖爲一種新電腦設計電路系統時，碰到一道障礙。他反覆地夢到兩群敵對的魔法師學徒，提著一桶又一桶滿滿的資料往對方的隊伍前進。他們總是在相撞前一刻停下來，直到有一天晚上，兩方非但沒有停下來，還神奇地「穿過」了對方。黃亞倫在夢中閃過的念頭是，他們就像光穿越了另一道光。當他醒來的時候，他很有信心，這個夢的視覺隱喻，已經告訴他如何利用雷射光設計非傳統電腦電路。就像魔法師的弟子，雷射光束可以彼此穿越，所以他們不像一般電流一樣需要個別的通路，這一點變成了他的發明關鍵。芭瑞特注意到，雷射光在發明之夢裡經常出現，「或許是因爲雷射光和新發明都是創新的科技，適合運用在視覺影像上。」

但是，作夢大腦所做的那種聯想與連結，看來對於傳統問題的解決沒什麼幫助。在一九七○年代早期的一連串實驗裡，老資格的夢境研究者迪蒙特給五百位大學生一個問題，他們要在睡前花剛好十五分鐘嘗試解決這個問題。在早上他們會記下昨晚的任何夢境，如果問題還沒解決，他們會再花另外十五分鐘嘗試解題。在一千一百四十八次嘗試中，只有七次受試者在夢中解決問題，成功率低於百分之一。然而有趣的是，在一次實驗中，一位男性受試者似乎是透過夢境視覺影像解決問題的，但是他本人卻沒發現。迪蒙特提出了下面這個難題：「HIJKLMNO：這個序列表示哪一個詞彙？」正確答案是水，因爲水的化學式是H_2O，上面的序列正是「H to O」（從H到O）。受試者自認爲他在去睡覺以前就解開問題了，他的答案是「字母」。接下來他一連做了四個夢，夢中全都有關於水的意象，包括下大雨、揚帆出航、戴水肺入海潛水等場景。他的大腦顯然以作夢的方式，創造出打破傳統規則而奇特的意義聯想，並因此解出答案。

這種非傳統運作模式，看來就是透過夢境達成突破的關鍵。「當你處於REM睡眠狀態的時候，你的腦部運作沒有邏輯或者事件記憶做爲依據，也缺乏集中注意力所需要的神經化學物質；所以，把這一切因素都考慮在內的話，這種狀況就像是大腦要你跳脫既有思維，好好腦力激盪。」史提高特這麼說。這位哈佛的夢境研究者主導帶來突破性發現的俄羅斯方塊夢境研究。REM睡眠時的身體狀況，對於辨識並構成新聯想來說是理想的安排，一般來說，這些新的聯想是我們在清醒時刻不會想到的。「在白晝時，如果你在開車，然後突然有個人切進你前方的車道，你會想立即反應，」他表示：「你不會希望你的心智此刻神遊到你跳方塊舞卻被他人插隊的時刻，也不會希望自己想起：那傢伙是不是讓我想到了誰？某個演員還是歌手呀？但是REM睡眠似乎是把事情暫放一旁的安全時刻，能讓心智好好神遊一番，以豐富而具探索性質的方式創造意義。」

根據霍布森和哈佛的同僚卡恩聯合發表的一篇論文，這種在夢中發生的非線性意義創造之舉，可能在實際上是混沌理論在腦部作用的一個實例。混沌理論在一九七〇年代出現，被認爲是物理學家、數學家、生物學家和其他科學家的一條新途徑，可以藉此理解表面無秩序現象之中的有序模式，讓科學家們能夠用數學公式和電腦模型來檢視各種問題，從「雲如何形成」、「傳染病如何在某區人口中蔓延」到「銀河是如何產生」等問題都包括在內。

這種理解世界運作的方法告訴我們，所有複雜系統會在它們的平衡狀態受到干擾時再穩定下來，或者自行組織，以便創造出新的秩序。在一個複雜系統裡，初始條件只要有一點小變化，就可能迅速而戲劇性地改變最後結果。這個概念在一種稱爲「蝴蝶效應」的例子裡面展現得最爲清楚：一隻蝴蝶今天拍拍翅膀振動了加州的空氣，結果可能會影響幾個月後在世界另一端發生的暴風雨。在英國詩人赫伯特膾炙人口的詩句裡，也可以看到這種效應：

為了一支釘子，掉了一隻鞋子；

為了一隻鞋子，丟了一匹馬兒；
為了一匹馬兒，沒了一位騎士；
為了一位騎士，輸了一場戰役；
為了一場戰役，失了一個王國。

混沌理論也說，就算在看似隨機的系統內，也潛藏著自行組織出來的可偵測秩序。腦部是一個複雜的混沌系統，在任何狀態下的輸入值有小幅變動，都確實可以對腦的運作造成重大影響。最近對癲癇發作所做的研究，運用了來自混沌理論原則的方法，結果發現癲癇發作並不像醫學界一直相信的那樣，是無預警的。相反的，發作始於一陣輕微的電流活動，並且遵循一種可以預測的模式。即將動外科手術的癲癇病患會定期接受腦部波形測量，研究人員研究他們的腦波圖之後發現，以標準分析方法無法在癲癇發作前找到預警信號。但是，亞利桑納州立大學的科學家利用從混沌理論發展出來的電腦程式分析腦波，他們發現可以根據腦部電流信號改變，預測超過百分之八十的發作，這種電流信號平均來說比身體症狀早一小時出現。在表面上隨機的腦部活動中找到這種模式，或許有助於發展出一種腦部節律器，用來偵測並避免即將發作的癲癇。

霍布森和作夢也可以透過混沌理論原則來理解。在我們清醒的大部分時間裡，像是血清胺等神經調節物質會發揮作用，以便抑制腦部的無序狀態；但在REM期出現的生理變化，把腦部推入一種混沌狀態，鮮明而繁複的夢境，就是腦部自行組織反應的外顯跡象。唯一的拘束力量來自內在記憶，還有近期留下的記憶，打開一道門戶，通往各種可能組合的廣博記憶庫，藉此形成夢境的影像和故事主軸。

「作夢可能是我們最具創造性的意識狀態，在這個狀態下，認知性元素以隨機、自發的方式再連結，製造出嶄新的資訊結構，也就是新的觀念。雖然在這些觀念中，有許多（甚至大部分）可能沒有意義，但如果夢中某些異想天開的產物能眞正有用，我們作夢的時間就不算浪費。」霍布森表示。

事實上，長年研究夢境的拉貝吉指出，在REM期可能產生的創新神經連結，或許擔負了一種更基本的功能，讓我們在達爾文式的「適者生存」架構下占有優勢。拉貝吉說：「或許作夢能產生涵蓋範圍廣大的行動綱領或劇本，這樣的綱領或劇本能引導知覺和行爲，從中撿選出有助生存的衝動，並藉此改變環境。」

史戴茲也指出，製造出夢境的自我組織狀態不同於平常；作家、畫家、科學家或者理論數學家意識清醒地經歷創作陣痛期時，他們的腦部狀態可能也跟作夢時的非常狀態類似。史戴茲曾經在康乃爾大學和加州大學聖塔芭芭拉分校擔任英語與戲劇教授。史戴茲畢生都對夢很感興趣，曾在他的書《在黑暗中看見：對於夢境與作夢的省思》裡，談論作夢與藝術之間的關係。現已退休的史戴茲沉浸在另一個強烈興趣之中，他在家中後花園的工作室裡，創作令人印象深刻的油畫。那些油畫有一種夢幻般的特質：天空中無止盡的光線、雲和細緻的色彩變化形式，戲劇性地主宰了整個風景畫面。史戴茲坐在他的花園裡，蜂鳥就在他身邊的花叢裡橫衝直撞；他指出，對工作中的畫家或者作家進行正子斷層掃描或其他造影技術研究，或許可以顯示他們腦部的活動模式跟REM期作夢者是一樣的。

「在藝術家、科學家、作家，甚至全神貫注閱讀小說的人身上所產生的清醒想像過程，跟作夢者身上產生的很類似：他們沉浸在另一個世界裡，只有極少的注意力放在這個世界的實際事務上。」史戴茲說：「身處於想像世界裡，伴隨著一種夢幻般的定向障礙狀態，這就是爲什麼一個人在讀書或者做白日夢的時候，不該動外科手術或者拆炸彈。」作夢的時候，就像你沉迷於一本書時一樣，看的動作與被看見的東西是一體的：你實際上看到的是頁面上的字，但這些字消失了，變成這些字所指稱的物件所產生的心像——至少，在你被電話鈴或者配偶的聲音給喚回現實之前是如此。然而在這種夢幻狀態裡，影像能不受外在世界信號的干擾，維持栩栩如生。

史戴茲指出，作夢大腦的終極產物，也和作家或視覺藝術家創造的虛擬世界分享了同樣的特徵。他說，作夢和藝術兩者就各方面來說，都是同一種生物需求的展現：把經驗轉化成某種有結構的形式。「作夢運用電影式的視覺影像來源，在自己面前展現自我的劇場。」他解釋道：「在夢與虛構的虛擬世界裡，我們這輩子可以開車衝出懸崖、落入海中無數次，然而在眞實世界裡我們只能做一次。」

史戴茲指出，普遍性的夢境，像是在大庭廣眾之下赤身裸體，或者落入懸崖，就是文學原型在夢境方面的對應版本；這就好像從希臘神話到現代文學中，關於嫉妒、欲望和報復的故事都曾出現。「沒有人想從橋上掉進湍急的河流裡；沒有人想孤獨一人，被這個世界漠視、被羞辱、被發現赤身裸體、毫無準備、迷失方向，或在迎面而來的威脅前癱瘓。而因爲我們免不了受到這些事件影響，我們會夢見這些事件，這樣的夢境全世界都有，差別只在於特定文化或環境下產生的個人經驗細節。」

作夢大腦的不受限自由，容許你跳下一棟大樓之後遨遊城市上空，這種自由也正是創造性過程所需要的，所以若說常作夢的人在清醒的生活中也傾向追求創造性，應不令人意外。史戴茲推測，那些對藝術、理論科學和數學有興趣的人，他們或許有一種神經線路，具備「不尋常的能力，能夠做出不涉及連續性和分析性推理的連結——正是乙醯膽鹼（作者按：REM期間占主導地位的神經調節物質）容許我們在夢中擁有的那種自由。」

事實上，史戴茲的理論跟佩格所指導的一項研究結果相符，佩格是科羅拉多州普偉布洛市洛磯山睡眠失調中心的主任。佩格在一九九五年到九七年，針對猶他州日舞影展中心的參與者進行一項研究，檢驗作夢和創造力之間的關聯。參與研究的六十二個人包括電影編劇、導演及演員。佩格發現，在這個創意團體中的夢境回憶比率，幾乎比他先前針對普通人研究得到的數據多一倍。更有甚者，這些人承認夢境對他們清醒創造活動有影響的頻率，高出普通人兩倍以上。「毫無疑問，這一群成功的電影人跟我曾經研究過的其他團體都不同，因爲他們對夢境的利用和回憶都明顯比較多。」佩格說：「我的發現支持這個想法：創意領域內的成功人士可能有把夢拿來做功能性利用，而且也更有可能與自己的夢有深刻的心理聯繫。」

他說，他的想法可能來自過去其診所中進行的一項研究，研究對象是一群身體正常但自稱從不作夢的人。「我們一年只找到五六個自稱從未想起任何夢境的人，所以在五年期間裡，我能夠找到十六位自稱不作夢的人來參與一個實驗室研究，測試他們有沒有眞的作夢。」佩格說。雖然受試者在半夜還有早晨都會被叫醒，那些自稱不作夢的人從來就沒有報告任何夢境。另一群人則自稱鮮少回想起夢境，但是這一批人中，有兩位在實驗室裡醒來後實際上報告了夢境。佩格檢驗那些不作夢的人，想找出某些共同的關聯，或許這些關聯能解釋他們爲什麼沒有報告任何夢境；他說，其中一個浮現的差異就是：在清醒生活中，這些不作夢者沒有一個人具備眞正的創意抒發管道，甚至連創造性的嗜好都沒有。「或許在清醒生活中沒有創造性衝動，或者缺乏創造性角色可以扮演的人，能夠在沒有夢的狀況下運作。」佩格說。他說，他也很想調查不作夢的人，是否缺乏作夢必須要有的視覺空間能力；就像富克斯針對兒童夢境所做的研究中，有兩個男孩的夢境比同年齡層的人（十一到十三歲）更稀少而平淡。雖然這兩個男孩都是一般程度的學生，有正常的語言技巧和記憶能力，他們在評估視覺空間能力的積木設計測驗裡都拿到不尋常的低分，而且跟同年齡層的人不同，他們在REM睡眠中被叫醒時鮮少有夢境可以報告。

運用視覺想像的能力，可能也造就了佩格在電影工作者身上發現的不尋常作夢特色。電影本身就是一種夢幻式的媒介，所以第一批放映電影的暗室被稱爲「夢宮殿」。許多知名導演說，他們經常把夢境併入自己的電影中。其中一個這麼做的導演就是布紐爾，他夢到自己沒有排演也不記得台詞，就得上台演出，他把這個夢變成電影「中產階級的拘謹魅力」的一場戲，戲中還有一群不耐煩的觀眾發出噓聲。費里尼甚至還說「夢是唯一的眞實」，他以一個關於魔術師的童年夢境爲他的電影「八又二分之一」收尾。柏格曼則說，他把自己的一個夢原封不動搬進「野草莓」裡面。由夢境轉化出來的場景，在這一刻達到高潮：主角被一隻從棺材中伸出的手給抓住了，然後發現屍體的臉就是他自己的臉。「我發現我所有的影片都是夢，」柏格曼明白地說。更晚近一點的例子是林克萊特新穎的電影「半夢半醒的人生」，整體而言這部電影就是主角和觀眾同時體驗的一場夢。他的電影，從新的角度詮釋了尙考克多的觀察：「一部電影並不是被講出來的夢境，而是我們一起夢到的夢境。」

佩格解釋，他那個電影人研究的參與者經常刻意安排要利用自己的夢境，幫助自己突破清醒生活中的創作瓶頸。佩格指出：「電影編劇說，他們會利用夢境來嘗試決定故事的下一步發展，演員則會夢見整個故事，每次他們演出一個新角色的時候，就會重新創造自己。」

這些參與者仰賴一種稱爲「醞釀」的技巧，在睡前可以利用這種作法集中精神想任何類型的問題，這樣有可能刺激腦部，在夜晚無秩序的創造狀態下找出突破性的解答。芭瑞特建議了一組進行「醞釀」的指示，一開始用寫的方式簡短描述現在困擾你的問題，然後在上床睡覺前再看一眼你寫的內容。當你人在床上的時候，以視覺想像自己夢到那個問題，然後告訴自己，你會在睡著以後做這樣的夢。把一枝筆和一張紙放在你床邊，一醒來就寫下你能想起的任何夢境。

你能取得的任何成果，都不太可能來自你清醒時所仰賴的邏輯線性思考過程，因爲作夢的腦在生理狀態上來說，並不適合這樣的工作。相反的，如果「醞釀」成功了，解答可能是以非邏輯性而且出乎意料的方式出現，就像在迪蒙特的實驗中破解謎語的作夢者，他夢到了正確答案「水」，卻未理解到夢中全都是關於水的影像。

芭瑞特講了一個印度化學家的故事，他同樣透過夢境，醞釀得到了一個非傳統答案。這位化學家想製造一種酵素來提煉原油。他去睡覺前打定主意，要集中注意力解決這個問題，然後他夢到一輛大卡車上面堆滿了腐爛的甘藍菜。一開始，這個夢看似毫無用處。但當他回頭進行他的研究工作時，他突然間領悟，這個夢還是有意義的：腐敗的甘藍菜會分解成某種酵素，正是他進行的煉油計畫中所需要的。芭瑞特做出結論：「說到作夢，最重要的是：這種時刻讓我們身上無人傾聽的部分，得以暢所欲言——我們如果肯聽，就會做得很好。」

第九章　清醒夢

昔者莊周夢為胡蝶，栩栩然胡蝶也。自喻適志與！不知周也。俄然覺，則蘧蘧然周也。不知周之夢為胡蝶與？胡蝶之夢為周與？

——莊子

拉貝吉在他位於加州帕洛阿爾托市的辦公室裡，身邊環繞著像是來自夢中場景的東西：天藍色的牆上有著翻騰的白雲；如果在一個美好的夏日，你躺在草皮上，手臂枕在腦後，你會想看見的就是這種寧靜的景象——艦隊般的白色雲朵從頭上飄過。這個超現實風格的工作空間對拉貝吉來說特別合適，他過去二十年裡的研究指出，在我們的夢境世界經驗和清醒現實經驗之間，界線可能不像許多人相信得那樣清楚。就像REM的發現讓我們必須重新思考過去的概念：「腦部在睡眠狀態下其實是關閉著的」，同樣地，拉貝吉對於所謂「清醒夢」這種現象的研究，最後也讓科學界對於作夢時心智狀態的本質有不同的看法。

拉貝吉還小的時候，很喜歡白天放映的冒險系列長片，每個星期都熱烈期待新的一集在他們家鄉的電影院上映。有一天早上，他從一個特別刺激的夢境裡醒來，他在夢裡扮演水底下活動的海盜，他想，要是下一個晚上能回到同樣的夢境裡就太好了，可以讓情節再推進一點，就像他心愛的連續冒險片。他不但能夠繼續前一晚做的海盜夢，而且夢境開始後，他全然知道自己同時身兼全部行動的演員與導演。「我抬頭往上看，看見離我很遠的海水表面時，一開始很驚慌，但接下來我領悟到我不必擔心必須閉氣的問題，因爲我置身於夢境裡，我可以就這樣吸進夢裡的水。」他回憶此事：「從來沒有人告訴我控制夢境是不可能的，所以我這樣繼續冒險了好幾個星期，完全察覺得到我是在一場夢中，而且我可以在夢裡自尋樂趣。」那時候拉貝吉並不知道他所做的事情有個名稱，他當時經歷的其實是清醒夢——在這種狀態下，作夢者在夢境進行中察覺到自己在作夢。某些清醒作夢者也能夠有意識地操縱夢境中的背景、人物和行動，就像拉貝吉一樣。

這種現象本身不但很神奇，也暗示夢境有希望成爲探究意識奧祕的門戶。在此相對而言還很新穎的學術領域中所進行的研究，指出清醒夢是由腦中的生理變化，結合了在REM期間引入自覺性要素的作夢者所產生的意志與企圖，隨後產生的結果。大多數人在作夢時都不知道「自己在作夢」，可是在清醒夢中會發生了某種不尋常的事情而引發自覺；然而，在作夢時到底是什麼觸發了清醒的神智，仍是個謎，研究者尙在努力了解中。答案可能也就是另一個更大疑問的關鍵：到底是什麼，讓我們在清醒生活中有獨特的內省性自覺？

拉貝吉繼續領軍追尋清醒夢的解答。他在亞利桑納大學只念了兩年，就拿到數學學士學位，那時他十九歲；然後他在一九六七年到史丹佛大學註冊，成爲化學物理系研究生。雖然他把清醒夢跟童年的玩具與角色扮演遊戲一起留在過去了，他還是對於探索心智運作有很大的興趣，而且東方思潮跟科學一樣吸引他的注意。事實上，他在成人後回想起的第一個清醒夢，是他從伊色冷學院的一個講習班回來之後做的；伊色冷學院位於加州大瑟爾附近的海岸，是一個融合了東西方哲學的另類教育中心。那個講習班的導師是位藏傳佛教徒，他鼓勵參與者嘗試維持二十四小時意識清明，就算在夢中也一樣保持內省自覺。

在研習班結束後的幾天之後，拉貝吉夢到他在攀登喜馬拉雅山，當他穿越雪堆的時候，身上只穿著短袖襯衫。他納悶著自己穿得這麼少爲何不覺得冷，然後這種突兀感瞬間讓他知道他身在夢境中，就像他先前領悟到不必擔心在水下呼吸的問題，這一點正是他在童年的海盜夢中能夠保持意識清明的關鍵。確實，對於許多作夢者來說，就是因爲夢境情節或場景中出現某些令人驚訝的怪異轉折，設法破除了作夢大腦施的符咒，他們才能藉此首次察覺到，他們置身於全部由自己創造的世界裡。夢中清醒的常見催化劑，包括逝去已久的朋友出現在夢中、場景太不尋常以致當事人懷疑其眞實性，或者是一幕追逐場面讓我們在驚嚇中突然醒悟到這只是夢，因而鬆了一口氣。這種突如其來的領悟常常會讓我們清醒過來，但在運氣好或者訓練有素的狀況下，夢有可能繼續下去。拉貝吉一察覺到他的登山冒險是一場正在進行的夢，他就選擇從山崖飛身而下，而不是往上爬；他滿心喜悅地重新體驗這種自然產生的非常意識狀態，從童年結束以後，這還是第一次發生。

拉貝吉在接下來幾年內繼續非正式地以清醒夢做實驗，此時他也拐了個彎，稍稍偏離學術界正軌；他後來形容這段時期是休止期，他此時在「追尋嬉皮世界的聖杯」。然而，在一九七〇年代末期，他決定回到科學世界，在史丹佛攻讀精神生理學的博士學位，清醒夢正是他所選擇的論文題目。他在一九七七年二月開始用日記記錄他的清醒夢，到了一九八〇年代中期，他已經記下將近九百個清醒夢。

雖然清醒夢的歷史已經相當長了，當時多數西方科學家都懷疑此現象的眞實性。在西元前四世紀，亞里斯多德指出「有某項事物在意識中宣稱，當時呈現在意識之前的不過是一個夢」，這顯然指的是清醒夢。而且如同拉貝吉在伊色冷的講習班所發現到的，藏傳佛教已經把一種稱爲「夢瑜伽」的清醒夢，整合到他們的靈修方法裡。歐洲長期以來也是發掘這種作夢方式的沃土。一八六七年，有一位善做清醒夢的法國人艾維聖德尼侯爵，在一本題爲《夢與引導夢境指南》的書裡，寫下他的經驗。「清醒夢」（lucid dreaming）這個詞彙，則是由荷蘭精神科醫師范伊登，在一篇一九一三年發表的論文中創造出來的，范伊登有一本日記，記錄了他從一八九八年到一九一二年之間做的三百五十二個夢。在一九六九年，美國人也對清醒夢產生很大的興趣，當時范伊登的論文在《異常精神狀態》一書中重刊了。此書是由加州大學柏克萊分校的塔特所編輯的科學論文選集，塔特在這本選集的導論提到，他自己也有清醒夢的經驗。

雖然如此，當拉貝吉在一九七七年準備展開他的博士論文研究時，大多數當代研究者不太相信有清醒夢這回事，他們提出理論，認爲那些聲稱有清醒夢的人並不是眞正睡著了，而只是說出他們在REM或者其他睡眠階段的「微醒」經驗。迪蒙特也屬這一類的懷疑論者，這位夢境研究先驅的職業生涯就是起於芝加哥，他在那裡協助阿瑟林斯基和克雷曼做實驗，證明了REM睡眠的存在。現在迪蒙特已經成了史丹佛睡眠研究室主任，拉貝吉向他求助；拉貝吉想利用這間實驗室，爲他的博士論文進行清醒夢的研究。迪蒙特研究室裡的另一個研究人員內格爾也支持他；內格爾也對這個主題有興趣。「我在當代夢境研究裡讀到的一切，都說在作夢期間達到清醒狀態是不可能的，不過既然我自己經常做到，我告訴迪蒙特，我想從科學上證實此事。」拉貝吉這麼說。

值得記上一筆的是，迪蒙特心胸夠寬大，願意同意拉貝吉的計畫，內格爾則變成了他的指導教授和合作者。要找出作夢者確實睡著時，夢中清醒狀態是怎麼出現的，關鍵在找出一個作法讓作夢者能向實驗人員打信號，指出清醒狀態的開端。作夢的受試者會接上腦波、眼部運動與其他睡眠狀態生理指標的監視器。拉貝吉決定自己權當第一個受試者，因爲他知道自己能在清醒夢裡控制眼部運動，以一種特別的方式從左到右運動，有別於REM狀態下特有的不隨意運動。在一九七八年一月的十三號星期五，拉貝吉首次成功地透過預先安排的眼部信號通知內格爾，他正處於一個清醒夢中。他在夢境中途突然領悟自己處於睡夢中，因爲他無法看見、感覺或者聽到任何事物，這時候他已經入睡七個半小時了。他接著想起自己人在睡眠實驗室裡，並且能在隨後描述他那個清醒夢的細節：

某個看似真空吸塵器或類似設備使用手冊的影像飄了過去。這東西讓我覺得只是意識流中的漂浮殘骸，但我專注於這個影像，並且嘗試讀取上面逐漸穩定下來的影像，此時我覺得自己正在睜開（夢中的）眼睛。然後我的雙手出現了，我夢中軀體的其他部分也一起出現，然後我盯著那本放在床上的手冊。我夢中的房間，是我實際睡覺房間的合理複製版本。既然我現在有個夢中身體，我決定做出先前約定好的那個眼部運動。我讓手指在我眼前沿著垂直線移動，視線也跟著手指移動。但是我對於自己終於能夠這麼做感到極度興奮，這個念頭打斷了我的夢境，所以我的夢在幾秒鐘後消逝了。

隨後，就在拉貝吉從十三分鐘長的REM期間醒來以前，波動測量儀上出現兩次很大的眼部運動。這是個客觀證據，證明至少有一個清醒夢在這個貨眞價實的REM睡眠中出現。拉貝吉繼續充當受試者，內格爾則在實驗室裡記錄。很快地事實就明朗了：他的清醒夢總是在REM睡眠期發生，而不是在某些清醒前的過渡期，非但如此，其他受試者在實驗室裡進行的後續實驗顯示，他們回報的三十五個清醒夢裡，也有三十二個是發生在REM期間。另外兩個夢是出現在第一階段睡眠，還有一個是出現在第二階段到REM之間。後來，實驗操作者如果沒注意到受試者通知清醒夢開始時間，還能夠根據眼部、腦部和肌肉信號的電生理反應紀錄，找出作夢者是在哪裡給出清醒夢開始的信號，在百分之九十的狀況下都能命中。這個研究也起用了其他受試者，他們接受拉貝吉的技術指導，增進了做清醒夢的能力，這也指出在作夢期間啓動自覺，是一項可以經過練習學會的能力。

拉貝吉的實驗中出現的證據有足夠的說服力，足以得到迪蒙特的肯定，最後也得到其他科學家的認同。迪蒙特總結道：到了一九八〇年已經收集到足夠的資料，「證明在清醒夢中，作夢者確實變得能夠意識到自己處於夢境世界，也能停留在夢境世界裡，還能站在優勢地位跟外在世界溝通。」一九八一年在麻州海恩尼斯舉行的睡眠暨夢境研究年度會議裡，拉貝吉發表了四篇談清醒夢的論文。拉貝吉發表研究資料的那一場會議是由凡戴卡索主持的，他當時是維吉尼亞大學醫學院的睡眠研究室主任。「我發現他的實驗設計經過謹愼構思，從他那些彼此相關的研究中出現的資料，也很令人印象深刻。」凡戴卡索後來這麼回憶：「在我對這群睡眠研究者所發表的評論中，我分享了這些看法，並且表示：唯一合理的結論，就是在經過控制的實驗室條件下有很扎實的證據，證明清醒夢的存在。」就算疑心最重的人也相信，這種作夢形式是REM睡眠中的一個眞實現象。

在那之前，研究者基本上遵循的是拉普拉斯的經驗法則；拉普拉斯是十八世紀的法國數學家兼天文學者，他說「證據的重要性必定和事實的怪異性成正比」。本質上來說，如果一項主張和已被接受的科學觀察整體產生衝突，就只有在符合最嚴苛的證據標準之後才會被接受，然而一項跟先前既有事實一致的假設性發現，卻能以少得多的證據獲得接納。拉貝吉的清醒夢研究結果在會議上發表以後，他說：「證據的重要性終於跟事實的怪異性成正比了。」

在拉貝吉以清醒夢爲主題的博士論文在一九八〇年出版後，他偶然讀到赫恩的作品，他是一位住在英國利物浦的研究生。赫恩現在是一位心理醫師，專長是催眠療法，他曾經在一位名叫沃斯利的受試者身上進行清醒夢的實驗，沃斯利從童年開始就常常做清醒夢；他們的實驗比拉貝吉還早了幾年。赫恩並沒有出版他最初的研究結果，拉貝吉第一次知道他們，是因爲他有一篇談清醒夢的文章登在《今日心理學》上，然後赫恩就寫信給那本期刊的編輯。「要是我們早幾年知道利物浦實驗的結果，我們可能就是在赫恩對這個領域的偉大貢獻之上進行研究了。」拉貝吉說。

有成打關於這個主題的論文隨後出版，清醒夢的概念開始掌握住大眾的想像力，因此誕生了一份《夢中清醒》通訊、一個夢中清醒學會，最後還有關於這個主題的專門網站，其中一個網站目前在推廣清醒夢，認爲這種方法可以讓脊椎受傷者享受清醒時無法進行的身體運動。

在美國、加拿大和歐洲各大學的研究者都零星地進行一些清醒夢研究，但拉貝吉還是這個研究領域中最顯眼的支持者，他的經費主要仰賴私人捐獻和夢中清醒協會的收入；他在一九八八年成立這個協會，促進對於這個主題的研究。他透過講習班（通常在如夢似幻的地點舉行，比方說夏威夷），還有其他能夠讓清醒夢更普及的方式，來應用他的研究，這些方法中包括他研發出來銷售的設備，像是「新星夢想家」，這種睡眠面罩能偵測作夢者何時處於REM睡眠期，然後對著作夢者的眼睛放出閃光，作爲預先安排的暗號，幫助作夢者進入夢中清醒狀態。拉貝吉描述，這種工具可以讓人養成有助於產生清醒夢的習慣；他同時特別指出，新星夢想家（最近的標價大約在美金三百元左右）並不「保證讓人用了就做清醒夢，就像運動器材不保證讓人長出強健的肌肉。」為了消除這種面罩跟安慰劑一樣無效的疑慮，拉貝吉在一九九五年對於這種儀器的早期型號做了一項研究，他測試了十四個受試者，他們每天晚上使用這個設備，但並沒有察覺到這個面罩已經被設定每隔一夜才會發出閃光信號——研究的這個特色，就是設計出來要排除安慰劑效果，並且精確地判定光線信號對於達到夢中清醒有多少特定效果。結果顯示，在受試者確實接收到光線暗號的夜晚，會有特別多人做清醒夢，比率高達百分之七十三，沒有暗號的晚上卻只有百分之二十七。

雖然，近年來新世紀運動也許為清醒夢平添許多美化，這種現象的科學基礎卻很穩固。確實，有可能在夢進行時察覺到自己置身夢境世界，而且某些作夢者也能刻意控制夢中行動，包括對外界打信號，還有執行入睡前約定好的任務。舉例來說，在迪蒙特的睡眠研究室裡，拉貝吉測試清醒作夢者是否能夠執行睡前的指示：在清醒作夢期間改變他們的呼吸方式，因為在REM睡眠期間，除了眼部肌肉以外，就只有呼吸時用到的肌肉能夠像清醒時一樣隨意活動。三個清醒作夢者應他們的要求，在清醒夢期間呼吸得更急促，或者屏住呼吸，並運用他們的眼部肌肉運動為記，標出每次改變呼吸模式的開端。受試者回報，他們成功地執行了九次事先約好的呼吸模式改變，隨後獨立的判斷者也從腦波儀和其他監視設備的列印圖中，找到了全部的信號。

從一九八〇年代起，各種對清醒夢的調查陸續發現，有超過一半（在某項調查中甚至略微超過百分之八十）的人在回應中表示，他們這輩子至少有過一次在夢中察覺自己在作夢。在某些睡眠實驗室內的研究中，有百分之一到二之間在REM睡眠中被喚醒的受試者正在做清醒夢。平均來說，在實驗室環境下被研究的清醒夢只維持幾分鐘，雖然在有眼部運動信號爲證的狀況下，某些夢可以長達五十分鐘。

經常做清醒夢（一個月至少會體驗一次）的人屬於少數族群，涵蓋範圍從百分之十（某項調查的結果）到略微超過百分之二十（另一項調查結果）不等。最有力的夢中清醒指標，就是大體上對夢有很好的回憶能力。在意料之內的是，根據某些研究者的說法，練習冥想或打坐的人也是很好的清醒作夢者。在一場夢中保持任意時間長度的意識清明狀態，需要微妙的平衡感，一方面對你的情緒、行動和思維保持疏離而開放的觀察角度，同時你還要積極地體驗這一切——這種混合正是冥想（打坐）時所必要的。

多數清醒夢是在作夢者已處於REM睡眠時開始的，而且這些夢通常出現在夜晚下半段。資深夢境研究者安卓布斯提出他的理論，認爲清醒夢通常會在下半夜稍晚時出現，因爲自動隨著REM睡眠提升的皮質活動，就是在這個時候跟著身體達到每日循環高峰而增強：隨著早晨迫近，不管我們是在哪個睡眠階段，我們內在的生理時鐘都自動地增加身體溫度和腦部活動。

而且，根據加拿大夢境研究者尼爾森的說法，在下半夜裡REM期變長的時候，就算非清醒夢也變得更強烈、更具故事性。他說：「在我們的研究中，我們發現晚上較後段時的夢境比較長、氣勢比較宏大，在因果關係上也更有融貫性。」

事實上，拉貝吉指出，提高你做清醒夢機率的辦法之一，就是比平常早一兩個小時起床，保持清醒三十到六十分鐘，然後睡回籠覺，以做清醒夢爲目標。拉貝吉已經發現，這種「小睡技巧」讓他的受試者做清醒夢的機率增加了十五到二十倍。然而在他的研究裡，清醒夢會出現在夜間的所有REM階段中，而不僅是出現在早晨，所以他說，在晚上更前面的階段打斷睡眠，然後保持三十分鐘甚至更長的清醒時間，就能夠促進清醒夢。

要產生清醒夢，皮質層要有高度活動以便觸發自覺意識，而安卓布斯曾經推測，左顳葉（負責產生口語和文字）必須處於運作狀態才能引發夢中清醒狀態。他說：「你必須把你所處的狀態翻譯成語言——『我知道我在睡覺』——才能做清醒夢。」他的信念受到拉貝吉的研究支持，拉貝吉的研究指出，在清醒夢的前三十秒內，從受試者頭皮上二十八處電極回傳的腦波儀紀錄顯示，腦部活動有一次突然的上升，活動增加的部位就是左半腦中跟語言相關的部分。拉貝吉贊同，這個腦部活化現象可能跟受試者內部的語言化理解——他正在作夢——正好一起發生。

通常對於作夢者而言，這個理解過程很讓人震驚，對那些正在做生平第一個清醒夢的人來說尤其如此。「知道你通常值得信賴的感官正在對你報告的，是一個在夢境外並不存在的世界，然而這幅圖像卻幾乎完美無缺，這絕對是一個驚喜，對於第一次體驗的人尤其如此。」他說：「的確，經歷第一個清醒夢時有一項極常見的特徵，那就是當你仔細環顧夢中的一切，看清你的心靈竟有能力創造那些奇妙又細膩的細節時，會有一種高度寫實的感覺。」當作夢者發現，他所經歷的一切都不是來自外在世界的現存感官輸入資訊，那個有如青天霹靂的時刻，徹底呈現在下面這份報告裡。這位清醒作夢者來自華盛頓州愛佛瑞特，他在拉貝吉與人合著的《探索清醒夢的世界》詳述這個經驗：

> 有天晚上我夢見自己站在一處山丘上，眺望著槭樹、赤楊和其他樹叢的頂端。槭樹葉是明亮的紅色，在風中窸窣作響。我腳邊的草欣欣向榮，綠意盎然。我身邊的所有色彩，比我曾見過的都要來得飽滿。或許是因為我察覺到這些色彩「比應有的樣子還明亮」，讓我震驚地理解到我身在夢中，而且我身邊的一切都不是「真的」。我記得我自言自語：「如果這是個夢，我應該能夠飛上天空。」我測試了一下我的直覺，而且非常高興地發現我能毫不費力地飛翔，而且能飛向我想去的任何地方。我掠過樹梢，遠航數哩到新的領域中。我往上飛去，跟地面的景觀離得遠遠的，在氣流中如鷹般地翱翔。當我醒來的時候，我覺得好像被這次飛翔經驗給灌飽了精力。我有一種幸福感，這種感覺似乎是直接來自清醒地作夢，而且能控制飛行的經驗。

不是每個在夢中產生自覺的人都能操縱接下來的夢，但拉貝吉曾經以研究展現某些清醒作夢者以意志控制夢境的程度。許多清醒作夢者有通往工作記憶的充足管道，讓他們可以執行睡前的計畫，像是在夢中清醒感開始時對實驗室裡的研究人員打信號。目前還無法確定他們爲何有這種能力。至少有一部分的答案可能因夜晚後半段的REM期裡皮質層活動量增加，再加上凌晨時，身體每日週期自然產生較大量的腦部活動。可是拉貝吉說，當作夢者試驗過這種不同意識狀態下的操作原則，並且了解清醒作夢確實有可能的時候，做清醒夢的整體技巧也可能只因經驗累積就會進步。在一個實驗中，受試者被要求在清醒夢中執行特定的任務，其中包括在清醒夢的布景中找出一面鏡子，並且看看鏡子裡的影像。二十七位清醒作夢者（幾乎是男女各半）交出他們嘗試進行任務的成果報告。受試者要找到鏡子並且看到影像並無困難，但是通常他們看見的影像都跟他們平常醒著時看到的有些差異。然而，對於超過百分之四十的參與者來說，鏡中影像在他們眼前變成另一個樣子。所以就算清醒作夢者可以做控制，這種控制跟清醒生活中的控制也相當不同。「自我影像當然有很豐富的心理意義，可能有非常複雜的內在象徵。」拉貝吉這麼說，他相信可能是這一點導致夢中出現的鏡中影像不太穩定。這時出現的變形，就像是非清醒夢中常出現的典型特徵：角色與布景有所變化；但他說，這個現象到底是因爲缺乏來自外界的感官輸入資訊來幫助定位，還是因爲腦部在REM睡眠期間的生理特徵所致，還不是很清楚。

根據赫恩在利物浦大學所進行的取樣工作，大約四分之一的清醒作夢者一直無法控制他們的夢，只能察覺他們身在夢中。那些在清醒夢中能掌握控制的人則報告，他們的能力範圍可能小至操縱場景的瑣碎細節，大至指揮自己與其他角色的行動，就跟芝加哥某位清醒作夢者告訴拉貝吉的夢一樣：

在這個夢裡，我人在我媽媽家裡，聽到另一個房間裡有聲音。進入那個房間的時候，我領悟到我一定是在作夢。我的第一個命令是叫房間裡的人聊點刺激的，反正這是在我夢裡。此時他們就改變話題，談起我最喜愛的嗜好。我開始下令要各種事情發生，而且也確實如我所願。愈多事情照我的意思發生，我就下愈多命令。這是非常刺激的經驗，堪稱有史以來我做過最刺激的一場清醒夢，或許是因為我有比較多主控權，也對自己的行動更有自信。

某些人聲稱，他們利用這種異常意識狀態享受唯一一種安全的性愛。舉例來說，通俗心理學家卡爾菲德曾經很全面地描述她的清醒夢，指出其中有三分之二是跟性有關的，在這些夢中又有一半以性高潮作爲結束。爲了知道清醒夢中的性高潮到底有無出現在生理反應上，拉貝吉爲一位女性受試者安排了一個實驗室內進行的實驗，這位女性經常回報經歷到清醒的性高潮的夢。他運用感應器監視十六個不同的資訊傳達管道，包括呼吸、心跳率、陰道搏振幅度和肌肉活動，還有平常就會監測的腦部電流活動和眼部活動。作夢者受到指示要運用眼部活動模式來表示夢中清醒的開端、夢中性活動的起始，還有高潮的時刻。她精確遵守事先的約定，執行了實驗中的任務；在她作夢時打的信號和作夢每一步過程中記錄下來的生理反應資料之間，是有著顯著的相關性。在她發出信號、指明為性高潮的十五秒鐘期間，陰道肌肉及搏振活動、還有她的呼吸率讀數都達到最高值，強調出夢境經驗實際上確實感覺一如現實的原因。在男性身上也有清醒夢中的高潮經驗報告，這種經驗實在太逼眞，因此這些男性醒來發現自己實際上沒射精，還嚇了一跳。

因為做這類春夢正是青少年的典型經驗（有時青少年會在沒有任何情色活動的夢境中經歷高潮），拉貝吉推測，這些貨眞價實的春夢可能是來自反射性的射精：每一段REM期都會產生自動勃起，如果此時陰莖還受到刺激，則可能產生反射性射精。拉貝吉還認為，大多數春夢都伴隨著關於性的主題，然而在這樣的夢中，是來自生殖器官的感官資訊被傳送到腦部，然後整合成一個充滿情欲的情節，以便解釋身體亢奮的感覺。簡而言之，腦部編出一個情色故事，來配合它所接收到的生理訊號。拉貝吉指出，然而在清醒夢裡，資訊的流向是相反的。既然情色的夢的內容實際上先出現，是作夢者有意識創造那個夢境主題的結果，高潮是「在腦袋裡」發生的，所以在正常狀況下會從腦部送至生殖器官、引發射精的信號被阻斷，就像多數在REM睡眠時出現的運動神經衝動一樣。

另外有一個研究，探索夢中行為是否和清醒生活中的同類行為一樣，伴隨著相同的腦波形式，在此研究中四個受試者得到指示，要在清醒夢中唱歌，然後數大約十秒鐘的時間。他們利用約定好的眼部信號，來表示他們在夢中開始執行每個作業的時間。拉貝吉是第一位受試者。當他進入夢中清醒狀態時，他給了一個眼部信號，然後開始唱「划船歌」。他接著做了另一個眼部運動信號，開始慢慢地數到十，在這之後他給了一次最後的眼部信號，指出他完成任務了。他在唱歌時的腦波活動讀數，指出他的右半腦比左半腦活躍，就跟人清醒著唱歌的狀態一樣；另一方面，左半腦在計數作業時會比較活躍，這也反映了清醒者計數時會發生的現象。這個實驗在其他受試者身上重複進行時，也出現同樣的結果。而且，當這些作夢者在清醒時被要求只是想像唱歌或計數，腦波儀測量值並沒有顯示出相同的腦波模式；這一點再度指出，夢境經驗很明顯有一種生理上的基礎，能夠以某種方式模擬清醒時的經驗，而這種模擬帶來的眞實感，似乎還勝過我們清醒地閉上眼睛，在自己內心創造的虛擬世界裡想像唱歌或計數。

如果我們不論在睡夢中還是清醒時，都從同樣的記憶庫裡汲取資料，並且使用同樣的神經網絡，爲什麼作夢模擬清醒經驗會比白日夢更精確得多？當我們在意識清醒時駕車出門，我們的認知是由我們從外界接收的資料所產生的：方向盤在我們手中的觸感，我們眼中所見朝向己方而來的車子，還有消防車警笛從旁經過的聲音等。在這個從局部到整體、由下而上的過程裡，所有來自感官的信號被傳送到腦中適當的資訊處理中樞去，然後活化讓我們產生現實認知的神經網絡——這種對現實的認知，借用神經科學家達瑪西歐的說法，就是「有事發生的感覺」。但當我們夢到在開車，或者只是想像自己駕車上路時，產生的影像和感覺全都是從內心滋生的，此時腦部仰賴記憶來激發適當的神經網絡，從而創造出夢見或想像出來的駕車經驗。

根據拉貝吉的論證，不管是跟清醒的（實際）經驗還是跟夢境相比，想像的經驗都比較不眞實，其理由有二。其一在於當我們清醒時，感官輸入所製造出的神經活動強度，比想像所產生的輸入值更大。雖然我們的想像可能很鮮明，跟意識清醒的實際感官輸入相比時，卻還是有影像及知覺品質上的明顯不對等。但是在夢中，腦部必須賴以運作的唯一訊息來源，就是那些在內心世界產生的信號，所以大腦比較容易信以爲眞。基本上，我們必須越過的門檻較低。其次，有證據顯示，腦部被刻意設定成在意識清醒狀態下，內部記憶所產生的影像鮮明度會降低，因爲對於任何生物體來說，把眼前的獵食者正要來襲的認知，誤認爲來自想像與記憶的虛構感受，都是很危險的事。腦細胞釋出神經調節物質血清胺的動作，似乎是這個系統的一部分，用以確保意識清醒時從感官輸入資訊所建立的認知，不必跟我們想像中的影像互相競爭。但是，這些釋出血清胺的神經元在REM睡眠中既然受到抑制，腦中的阻卻系統就無法避免夢中的影像知覺看起來、感覺起來都像清醒經驗一般鮮明眞實；特別是我們的眼睛、耳朵和其他感官裡，也都沒有其他可與之相抗的輸入資訊，可以蓋過這些夢中感受。

無怪乎我們傾向於把自己的夢跟現實混淆，而且我們必須自己設計一些招數，搞清楚我們的腦袋在夢中如何欺瞞我們。在清醒夢中「思考」的能力因人而異，但有些人曾經報告在這種狀態下還具有高水準的認知功能，像是下面這個段落裡，一個住在加州巫德蘭山的人給拉貝吉的報告：

> 我身在一座花園裡，因為我有能力飛翔而覺得心情輕鬆愉快……我隨後降落，以便用和視線保持水平的高度飽覽花園景觀，然後領悟到我在這個地方挺孤單的。領悟到這一點的時候，我也同時察覺我實際上在床上睡覺，正在作夢。在這個夢中，我的身體似乎顯得很實在，我對此感到很著迷，而且還「戳戳看自己，弄清楚我是不是真的」，我從這個行為裡獲得很大的樂趣。我確實覺得自己很有真實感，就好像任何人在清醒的時候也會有的那種感覺！我隨後變得相當嚴肅，深入思考這件事，然後把花園邊緣的一塊岩石當作椅子，坐在上面想著這件事。我那時冒出來的想法是：「一個人在夢中能達到的自覺程度，跟一個人在清醒生活中所能體驗到的自覺程度是成正比的。」
>
> 我在夢中居然能這樣複雜又具體地思考，讓我大吃一驚，而且我開始檢視自己清醒生活中的狀態，這種思考角度似乎是人在清醒時不可能產生的。更讓我驚訝的是，我能在夢中做這種事，還開始對這整個狀況產生某種見解。我決定起身察看我周遭的環境。我注意到這花園是個舞台布景。所有的花朵都是用發亮的顏色仔細畫在獨立的景片上。身為一個藝術家，我相當讚賞這些景片的製作技巧。

任何對清醒夢實驗感興趣的人，目標都是要在夢境世界裡醒來，然後在夢境世界裡停留夠長的時間，以便進一步探索。舉例來說，一位在五十來歲才初次體驗清醒夢的紐約設計工程師兼發明家描述了一個夢，在其中他突然察覺到，是他的大腦創造出周遭細膩得驚人的哈林夜總會場景，年輕的路易・阿姆斯壯還在其中表演了一首動聽易記的原創歌曲，讓這個場景顯得很完整。他能在夢裡保持清醒的時間長到足以在房間裡繞一圈，帶著驚異之情看遍每個細節，同時完全了解這裡是他自己的夢境場景。在他的下一個清醒夢裡，他發現自己在一個天花板很低的房間裡，他甚至沒辦法站直，直到後來他發現自己正在作夢，就立刻完全站直身體，他頂破了天花板，卻沒帶來任何負面效果

培養這種清醒夢境的能力，始於拉貝吉所謂的清醒時刻「現實判斷」。他建議一天至少問自己五到十次「我到底是不是在作夢」，這樣你的大腦就會習慣在夢中也提出這種問題。當你碰到跟你在夢中常見景象相似的狀況時，這樣自問會特別有用：在某件讓人驚奇的事情發生時，在你體驗到特別強烈的情緒時，或者在你碰到一個如夢似幻的場景，或者有任何事讓你想起夢中常見事物的時刻，都這樣做。舉例來說，如果你三不五時會做關於電梯的焦慮的夢，每次你走進電梯裡的時候就問自己是不是在作夢。這種現實判斷練習，結合睡前對夢境的視覺化想像練習，還有重複提醒自己要在夢中保持清醒，對於拉貝吉在一九八九年實驗中的受試者來說，讓他們做清醒夢的頻率提高了超過百分之一百五十。

一旦你入睡了，而且心中懷著自己在作夢的疑慮，拉貝吉會建議你做些有助於讓你進入徹底夢中清醒狀態的測試，這些測試至少會讓你知道你是否清醒。在你的夢中場景裡，找尋

任何型式的文字或者鐘面。在夢中，印刷字體幾乎總是會變形，在你目光轉向他處的時候改變外表，然後再恢復原狀。同樣地，鐘面或錶面不會精確地顯示時間或保持穩定的表象。林克萊特引人入勝的電影「半夢半醒的人生」以優美的方式刻畫清醒夢的現象，而且的確是以導演本人在青少年時期所做的某個不尋常清醒夢爲本改編。在電影中，主角理解到他在作夢，但他逃離清醒夢的嘗試卻失敗了。他重複地體驗到「假的醒覺」，這種事情很常見，作夢者在這時候會相信夢境結束了，但其實只是夢到自己醒來了而已。他最常拿來測試自己是否還在夢中的線索，就是搖曳的鐘面。

下面這段敘述，捕捉到那種第一次發覺自己身在夢中的「發現」時刻，貼文章的這位作夢者在一個爲肢體障礙者架設的清醒夢網站寫道：

> 在幾個平常的非清醒夢之後，我在一場夢中醒來。我站在一個停車場裡，找我的車子。在我找到車以後，我注意到車子上沒有門把。這讓我開始納悶，事情似乎怪怪的，很像夢境，但我「知道」我是醒著的。我想無論如何我會繼續下去，做我的「現實判斷」，就像練習時一樣。我看著廣告招牌，讀上面的字，轉移視線，然後試圖再讀一遍那些字。我簡直不敢相信！那些字現在擠成一團了！接下來我就知道我在作夢了。

但有時候夢中清醒可以自動發生。對於普林斯頓高等研究院教授、太空物理學家賀特來說，他某個夢中清醒的起始是因爲突然冒出的一首歌。對意識研究很感興趣的賀特，在他的日記裡這樣記錄這個夢：

我走進一家酒吧，我發現有一群人坐在那裡，他們在我進去時看著我，然後立刻一起開口唱道：

這是賀特的夢，
我們都在這裡，
而這就是為什麼
我們能喝到免費啤酒。

雖然有充滿說服力的相反證據，某些科學家剛開始還是對清醒夢的眞實性存疑，實際上他們是在自己身歷其境後才改變心意。就像法國夢境研究先驅朱費在一九九三年寫下的話：「我必須坦白，有很長一段時間我不相信有清醒夢。然而在過去三年中，我四度享受到這種特別的主觀經驗：看著我無法影響的夢境影像在我眼前展開，但我完全了解這是夢境的一部分。」

現在已從芝加哥大學退休、受人崇敬的睡眠與夢境專家赫特夏芬，對於清醒作夢者的腦部造影研究可能揭露的各種層面感到相當振奮：「或許夢境最特殊的層面，就是夢中缺乏自省意識。我們作夢的時候不知道自己在作夢，這是一種很不尋常的意識狀態。腦中讓我們知道自己處於何種意識狀態的部分，在典型的夢境中並沒有在運作，但在清醒夢中則會運作。對處於清醒夢中的受試者做造影研究，應能指出讓我們有自省意識的神經元位於何處。」某些研究者推測，這個關鍵性的神經元網絡應在前額葉皮質，在一般狀況下，這個部位在作夢時並不活躍。這個區域的神經元突然重新活躍——或許是因爲與清醒意識有關的神經調節物質（像是血清胺）增加——可能就是讓普通夢境變成清醒夢的因素。

但拉貝吉堅決主張，腦部掃描可能不會發現任何重要的生理變化。他說REM睡眠中的大量活動，就是清醒夢在生理條件上的全部需求。在一般夢境裡缺乏、卻在清醒夢中出現的另一個關鍵元素，並不是物理性的。拉貝吉說：「一般狀況下會漏掉的因素是心理性的條件，也就是體認到自己正在作夢的心理狀態。」他推薦大家用來培養清醒夢的現實判斷測試，就有助於補足心理上的構成元素。

我必須承認，一開始我對我聽說過的那些清醒夢境詳細描述存疑，而且我也還沒達到拉貝吉和其他「作夢家」（拉貝吉如此稱呼有這種本事的清醒作夢者）描述中那種可以控制夢境的層次。但是我個人可以作證，這種現象確實存在，而且拉貝吉推薦的那些測試方法確實可靠，能夠啓動夢中清醒狀態，並且加強夢中的內省自覺。我人生中曾有好幾次夢見早已逝去的親友，他們成爲夢中一角讓我猛然醒悟到這種事不可能發生，然後我察覺到我必定在作夢，然而這種領悟同時也讓夢境告終。但是在我爲本書做研究的早期，我讀過一些關於清醒夢的補充讀物以後，我自然而然地產生了第一個眞正的清醒夢：時間是在我可以比較晚起床的周末早晨，這點或許不怎麼讓人訝異。

在我夢中，我看見我姊姊沿著走廊走去，我突然間想著：雖然我是在作夢，但她看起來驚人地眞實。然後我就領悟到如果我摸她的臉，我不會有任何觸感，這麼做毫無疑問可以證明我確實在作夢。然而當我觸碰到她的時候，她確實感覺起來像眞的，而場景突然地轉變到一個看來搖搖欲墜的蜿蜒防火梯，此時我發現自己在一棟很高的建築物外面爬著這道梯子。當我焦慮地想爬到更高處時，我可能在作夢的領悟又再度出現在我心頭，我想驗證這個想法，所以我告訴自己，如果我在作夢，我就不必爬這道可怕的防火梯。我反而可以光是眨眨眼睛，就瞬間飛到屋頂。我就這麼做了，然後就突然醒過來；我感覺到拉貝吉口中初次清醒作夢者的特殊感受：驚訝和興奮感，即便夢境本身可能沒什麼。

我幾乎立刻清醒過來，這也是清醒夢的典型狀況。夢中清醒的開始通常導致作夢者完全清醒過來，所以拉貝吉和其他清醒夢專家提供一些小祕訣，讓作夢者遊走在清醒邊緣，讓夢繼續做下去。當夢開始消逝時，視覺影像通常是夢境離去的第一個徵兆：色彩開始消退，影像變得比較模糊。如果你一注意到這件事，就立刻把注意力集中到其他感官，或許可以阻止夢境消失——像是在夢中摩擦雙手，或者觸摸夢境場景的某樣東西。拉貝吉建議的另一種技巧是：當你在清醒邊緣時，讓夢中的你像個陀螺似地旋轉，這種作法通常會變成一種觸媒，讓你進入另一個夢境場景。他說，這些似乎有效的技巧全都有一個共通點：增加腦部知覺系統的負擔，讓大腦沒辦法把注意力從夢中世界轉移到外界。在夢中清醒協會做測試時，他發現利用這種旋轉技巧可以增加夢境繼續的機率，成功與失敗比爲二十二比一。

有人問起，爲什麼有人願意費心運用這些技巧培養夢中的有意識知覺，拉貝吉有個現成的答案：因爲這樣做既新奇又好玩。拉貝吉說：「擁有一個自創世界的感覺如何？那是你在清醒夢中會發現的事情，而且對許多人來說，這樣做是很令人振奮的巔峰經驗。」他說，某些作夢者也會利用這樣的夢來克服清醒時的恐懼，或者測試用來應付現實世界的新策略，下面這段敘述就印證了這一點；這位清醒作夢者來自維吉尼亞州的紐波特紐斯：

> 兩周以前，我做了一個被強烈龍捲風追趕的夢。我身在高踞於一片海灘上的懸崖，正在教其他人飛翔，告訴他們這是一場夢，而且在夢裡你如果想飛，你所要做的一切就是相信你做得到。在風暴從海面逼近的時候，我們玩得正開心。我夢裡老是會出現龍捲風；它們是我最討厭的心魔。
>
> 當這個龍捲風出現時，先出現的是特別強烈的風、閃電和大浪。有一段時間，一個小男孩、一隻小狗跟我一起跑來跑去找掩護，但後來我們停下腳步，停在面對著大海的最後一塊懸崖邊緣處。恐慌感讓我幾乎失去夢中的清醒感。然而接下來我想到，等等！這是個夢啊。只要你願意，你就可以不必四處亂竄。要不然你可以毀掉那個龍捲風或者改變它。它要的是你。不管怎麼樣，我再也不到處逃竄了。就來看看龍捲風從裡面看是什麼

樣子吧。

當我想到這一點的時候，就好像有一股特別的力量舉起我們三個，幾乎把我們都吹得形狀模糊了，我們被拉進龍捲風裡。男孩和小狗在中途就消失了。在風暴內部，有一種美麗而半透明的潔白，還有一種極端平靜的感覺。同時它有一股似乎等待被塑造的生命力，它也能夠不斷地成形、再成形，變化、再變化。它是非常有活力、非常有生氣的東西。

清醒夢可以提出強而有力的洞見，這是因爲「你游目四顧，理解到你所見到的整個世界都是你的心靈所創造的。」拉貝吉這麼說：「清醒夢告訴你，你所擁有的力量，比你以前所相信或夢想得到的更多；要改變這個世界，就得從你自己開始。」回到他自己對於精神層面的興趣，拉貝吉也想起他的某個清醒夢，他說這個夢彰顯了清醒夢傳達個人洞見的潛力：

我做過一個夢，在夢中我走在一條登山小徑上，我已經走了不知多少里路了。我來到一條非常窄的橋邊，橋跨越一個深不見底的深溝；我往橋下看，心裡非常害怕過橋。我的同伴說：『呃，你不是非走這條路不可啦。你可以沿著原路回去。』然後他指向那條遠得不得了的回頭路。不知怎麼的，似乎是因為這一路來的艱苦，我有個想法，如果我是處於夢中清醒狀態，我就不會害怕過橋了。然後我稍微注意到這個念頭，所以進入夢中清醒狀態，然後過了橋。當我醒來的時候，我想著這個夢的意義，發現它可以應用到整體人生上面。生命在某種意義上來說，就是一種橋梁，而讓我們失去平衡的，就是我們對身邊圍繞的未知事物、死亡、無意義或者任何東西所產生的恐懼。

拉貝吉仍然覺得，他對於研習班裡發現的佛教觀點有種親切感，這種觀點啓發了他成人時期的清醒夢經驗：藏傳佛教徒利用清醒夢來從事靈修，鼓吹對夢境內容保持有意識的控制，並且把現實視爲和夢境相等的立足點。從佛教徒的觀點，開悟就是持續察覺到人生是一種幻象，不論在夢中還是清醒時皆然。拉貝吉相信，清醒夢是一種有效的方法，能讓人徹底理解所有經驗的虛幻本質。

認爲夢境跟清醒的現實都是建立在幻覺上，或者說這兩種不同意識狀態的相同處可能比相異處還多，這種看法可能顯得很怪異，但仔細檢視之後，會發現這個觀點有科學事實的根據。不管我們是醒是睡，我們的意識運作基礎，就是腦部以當時可得的最佳資訊來源所建構的世界模型。清醒時引導我們行動和感受的模型，首先來自外在世界的感官輸入資訊，其次則是腦中儲存的相關脈絡資訊——以過往經驗爲基礎的期待與動機。當通往外在世界的感官入口在睡眠狀態下關閉時，驅動意識的模型就只能藉由記憶中取得的脈絡性資訊來組成了。如同許多對於記憶固化與學習的研究所顯示的，夢見自己做某件事、看到或感覺到某件事，不只是很類似眞正去做、去看或去感覺——就組成個人經驗世界的神經網絡的角度來看，兩者「是」一樣的。

所以，認爲作夢經驗不眞實、發生在清醒意識中的事情才是唯一眞正的現實，是錯誤的結論，拉貝吉論道：「作夢可以被視爲認知少了外界感官輸入條件限制時的特例。反過來說，清醒的認知可以被視爲夢境受到感官輸入條件限制時的特例。不管以哪一種方式來看，理解夢境都是理解意識的關鍵。」

拉貝吉和其他研究者也認爲，我們不應把意識狀態的定義限制在只有「醒」和「睡」。如同來自過去二十年來各種夢境研究的證據，我們在任何時刻的心理狀態仰賴以腦部做爲基礎的生理狀態而定。在REM睡眠期製造出鮮明夢境的意識狀態中，有許多特徵是因爲神經化學物質血清胺和正腎上腺素濃度陡降、腦中循環的乙醯膽鹼同時升高，再加上缺乏來自外界的感官信號而產生。引導注意力的主要區域在前額葉皮質中的活躍現象，可能就是製造出清醒夢的附加成分。某些神經化學物質的變化，可能也有助於產生這種不同型態的夢。

雖然REM睡眠可能爲意識變化的進行方式，提供了最爲戲劇化的範例，這只是其中一種型態。你在看報時，突然理解到雖然你正讀到一半，卻對自己正在閱讀的事沒有特別自覺，很有可能你的正腎上腺素和血清胺濃度降低了，同時你的乙醯膽鹼濃度增高了；根據哈佛神經科學家史提高特的說法，這讓你的心靈能夠徘徊或者飄移到一個白日夢中。「到頭來，沒有什麼常態可言。」他說：「清醒並沒有比睡眠更符合常態。讓你的心靈四處遊走並沒有比專心一意更不正常。保持鎭定、冷靜、心神集中，並不比滿懷激情更正常。我們的需求隨著所處的環境而改變，我們的身體必須爲改變的狀態做準備，以便面對這些挑戰。」

第十章 意識與意識之外

腦部是宇宙已知範圍中最複雜的系統。

——科赫

科赫從加州理工學院走廊的某個房間走動到另一間房間時，他跳起來，用手指尖扳住他經過的門框頂端邊緣。這是他的一種自動反射動作，因爲他人生中最大的一個嗜好，就是爬山——而且是很認眞的登山活動。科赫的網站上有一張讓人倒抽一口冷氣的照片，捕捉了這位從物理學家轉行過來的神經科學家從事最愛之事的狀況：他像隻蜘蛛似地掛在一條繩索上，高懸在優勝美地峽谷之上兩千八百英尺處。雖然如此，當科赫沒在爬山的時候，他也同樣專注於面對令人膽寒的智力挑戰。從一九八〇年代晚期開始，他跟諾貝爾獎得主克里克合作，追尋一個目標：確切指出讓我們有意識的那一組腦細胞。

科赫想解開意識之謎的動力，還有他對攀爬險峻岩石表面的愛好，兩者之間的關聯實際上比外人想像中更深。當科赫解釋他對這項運動的狂熱癮頭時，他提及冒險作家克拉庫爾對這種經驗的描述：「看得清清楚楚的夢境。」科赫進一步引伸：「登山幾乎完美地融合了心靈與身體，兩者同時發揮到極限。當我在爬山的時候，我覺得整個人生氣蓬勃，徹底神智清醒。」他講話的速度快到簡直要發生空間扭曲了，就好像他對自己用口頭傳達想法所需的時間感到不耐煩，因為生命已經太過短促，沒辦法在其中塡滿他想完成的每件事。他的人生行程表確實讓人印象深刻。「我試圖弄清楚我從哪來、我往哪去，還有我在這裡幹嘛。」他說：「我想找出到底是什麼讓我們有意識。」

科赫把作夢視為意識拼圖中的一塊迷人碎片。「對我來說，作夢的特點在於其中的每件事看起來、感覺起來無比眞實。」他說：「我有一次讀到某篇文章，說得正好：『只要夢還在持續，它就是眞的。我們能說人生有什麼更超越夢境之處嗎？』」有人辯稱夢境只是伴隨產生的副現象，又沒有生物學上的功能，他並不贊同這些人。相反的，他相信作夢持續經歷了許多不同的演化階段，因為作夢擔負著一種由基因決定的目的。夢的終極目的是什麼，仍然有待觀察，但是暗示作夢在記憶固化方面擔任重要角色的研究，特別吸引科赫的注意。他如此解釋：「我們知道，我們甚至在出生以前就已經開始作夢了，而且胎兒夢境的腦部基礎結構，跟我們的不能說不相近，」他說：「夢境看起來像是演化程度極高的腦部功能，一種特別清晰的意識形式。」

他和克里克的研究之旅——指出到底是什麼讓我們有意識——起於科赫在麻省理工學院人工智能實驗室做博士後研究的時期，他在那裡跟歐曼合寫了一篇論文；歐曼現在是以色列台拉維夫城外的魏茲曼研究所教授。他們的論文探討注意力的認知結構：腦部如何處理同時間許多彼此競爭的信號，做出選擇並集中注意力在某個信號上。舉例來說，你在交通尖峰時刻開車、還開著收音機，你腿上被蚊子叮的地方正在發癢，外面剛開始下大雨，雷聲隆隆又閃電大作，此時你如何專注於你車上乘客所說的話？克里克對於這篇一九八四年出版的論文印象十分深刻，因此他邀請科赫和歐曼到沙克研究所來訪問一周；克里克本人在這個研究所埋頭苦幹，想了解我們如何引導自己的注意力。他的終極目標終於變成要破解意識之謎，而且他希望能夠複製當年破解DNA祕密的成功經驗。這兩位科學家有著重要的共同連結：敏銳、透徹的智慧，還有對同一種知性追求的熱忱。科赫變成固定來訪的訪問學者，特別是在一九八六他從麻省理工學院搬到在加州理工學院的個人研究室以後更是如此。這對搭檔開始合作研究，在一九八九年一起出版第一份探討意識生物起源的論文。自此之後，科赫通常會一個月去一次拉荷雅，花兩三天跟克里克一起工作，他們也幾乎每天互通與研究相關的電子郵件。

科赫追本溯源，把他對意識本質的好奇歸諸於三十出頭時因爲牙痛臥病的一段插曲。雖然他完全知道，他所感覺到的疼痛是來自透過神經往大腦奔去的電流活動，他卻開始納悶爲什麼那個電流活動能讓他感覺到痛，其他類型的腦內電流活動卻會給他愉悅感，或讓他聞到洋蔥味，或者讓他聽到小提琴的聲音。科赫說：「一部電腦可以灌入程式，然後做各式各樣的計算，但它感覺不到疼痛。腦中有某些東西讓主觀感受產生，而我們認爲我們會發現一組特定的神經元，共有某種基本性質；這種性質在演化史的某個時間點上，讓某隻動物產生了第一個主觀感受。」當腦部結構變得更複雜時，純粹的感官知覺演化成層次更複雜的人類意識，包括了我們對生命有限性的自覺，也讓我們有能力詢問科赫和克里克企圖回答的問題。人腦似乎特別能夠運用自身的運算能力，來想出自身的運作法則。

克里克在一九九四年提出關於意識本質的「驚異的假說」，現在這個假說已經是許多科學家所接受的信念。已有累積的實質證據支持克里克的論點：「你的喜悅與悲哀，你的記憶與雄心，你的自我認同感和自由意志，事實上都只是大量神經細胞集合起來的行為。」雖然許多認知神經科學家相信，意識是從遍及整個腦的神經細胞集體活動中突現的，是數百萬甚至數十億神經元一起放電所產生的運作結果，科赫和克里克卻主張可以更精確地縮小範圍。他們相信，祕密可能在於某一小群神經元的個別放電。「演化已經在分子和個別細胞的層次創造出驚人的特殊性，而克里克和我認為在意識的問題上也是如此。我們在尋找讓意識產生的極特殊神經性質，而非假定意識是整個腦的集體活動。」科赫這麼表示。

他們把他們所搜尋的目標，稱為「意識的神經元相關組」（簡稱NCC）——這指的是與任一有意識特定知覺互有關聯、並且導致這種知覺產生的神經元組最小單位。他們先把「什麼讓我們認為自己是行動自由個體」的麻煩問題擱在一旁，尋找意識源頭的最基本層次：哪些神經元放電，讓我們有疼痛或愉悅、看見黃色或聽見茶壺燒開水哨音的主觀感覺？這個任務絕對不算簡單。每個神經元內的每個分子都遵循以基因內建指令為基礎的指示，同時也受到當時占優勢的神經化學物質影響。當你知道，某個單一神經元內的數千個分子一直在執行某一範圍內的活動，這個神經元又跟好幾萬個相關神經元的網絡協調運作，全部這些神經元又參與了單一人腦內將近一千億個神經元的活動，你就可以明白科赫爲什麼說腦部是「宇宙已知範圍中最複雜的系統」。他顯然對許多有待回答的問題感到興奮：「在表示閃爍紅燈、高音C和輕微牙痛的各個『意識神經元相關組』之間，是否有某種共通性？在夢中引起感覺的意識神經元相關組又如何，夢中的感覺不是跟清醒時的感覺難以分辨嗎？」

他和克里克在這個階段尋求資訊的最有效方式，就是在他們可以操控的環境下，研究意識清醒時的神經元。他們的大部分資料是以動物（如老鼠或猴子）所做的神經科學實驗爲基礎，因爲電極可以植入牠們腦中，以便記錄個別神經元的放電模式——如果對人類這麼做，會被視爲不道德的作法。但是最近出現一個少見的機會，可以在人類身上做這種測試，結果證明了科赫對於腦部組織特殊化到何種程度的看法是對的。加州大學洛杉磯分校的神經外科醫師佛萊德，讓科赫實驗室的一位研究人員克雷曼對癲癇病患做一些實驗，這些病患被植入電極，以便定位導致他們發病的源頭，這是治療措施的一部分。

科赫說，他們記錄作夢還有回憶時，腦部特別活躍部位的個別神經元放電，結果發現一小批放電的個別神經元只會對熟悉人物差異甚大的外觀做出反應。在某個例子裡，他們對病患展示五十個人物影像，包括病患認識和不認識的對象，還有其他型態的圖片，像是車子或是動物。然而，前面提到的那些神經元只對三個影像做出反應：前任美國總統柯林頓的黑白素描和照片，還有一張他出現在其中的團體照片。在受試者接受指示，閉上眼睛想像柯林頓的樣子時，同樣的神經元又放電了。科赫懷疑，如果受試者夢到這位前任總統，同樣的神經元也會放電；雖然他現在沒有可靠的方法足以測試這個想法，因爲他無法控制夢境的內容。然而他的猜測因爲下列的事實而更顯得更有力：神經元對柯林頓的影像做出放電的反應，這個現象是在邊緣系統中被稱爲內側顳葉的部分發現的——腦部造影實驗中已經顯示，這個區域在夢中極爲活躍。當然，柯林頓本身並沒有什麼神奇力量——科赫和他的同僚發現，同樣的神經元特化反應，也適用於受試者生命中的其他熟面孔或者常見物體：只對咖啡杯或者某位家人面孔有反應的特殊神經元，而且同樣的神經元會在杯子或者那位家人的影像在心中出現時再度放電，不過面對實物時的放電率高過回憶時的放電率。科赫說：「這有助於解釋夢中影像，因爲這個研究結果告訴我們，我們不需要來自視網膜或者主要視覺皮質的輸入資訊，才能產生視覺。」

他說，先了解清醒和作夢時視覺運作的方式，實際上可能是了解意識本身和意識產生過程的最佳途徑。「我們是非常視覺性的動物，」科赫說。「腦部有三分之一是用在視覺方面，我們有各式各樣可以接受分析的視覺經驗，包括鮮明的夢境。」從實用性的觀點來看，把視覺當作調查的模型也很好用，因爲關於視覺形成的生理學知識基礎比其他知覺都還要扎實，研究動物的視覺資訊管道也比較容易，這增加了可以進行的研究項目。實驗執行者可以操縱受試者（動物或人類皆可）在電腦螢幕上看到的影像，並且記錄他們的腦對此作何反應。克里克和科赫的大多數理論，都是立足於針對獼猴所進行的研究，獼猴的視覺系統跟人類的很相近。

在他的麥金塔電腦螢幕上，科赫秀給我看「動態引發的眼盲」，這種視覺幻象是在以色列的魏茲曼研究所發展出來的，對於猴子或人類同樣有效，顯示出操縱視覺如何能夠爲意識的神經基礎提供線索。黑色螢幕上出現一片像漩渦般四處打轉的藍點，還有三個色彩鮮明可見的黃色圓碟。

科赫指示我用眼睛凝視螢幕，維持幾秒鐘不動，我照做以後，一個、兩個或三個黃色圓碟神奇地消失了。或者該說看似如此。這些圓碟本身從未移動，但藍色背景製造出很強烈的視覺訊號跟黃色色點競爭，最後壓倒了黃色圓碟的信號。

我的腦部只集中注意力在背景上，同時抑制住了黃點的影像。所有的變化就在於前一秒我還感覺到黃色色點，下一秒我就看不到了。「有一組神經元在妳『看到』黃點的時候放電，妳『看不到』的時候則沒放電。它們就是跟意識有相關性的神經元。」科赫說。

發現自己的大腦有可能變得如此不可靠，實在是讓人心醉神迷又侷促不安。但了解到視覺實際上是怎麼運作的，就表示接受這個事實：我們清醒的時候跟在作夢時一樣，是透過我們的腦子來看，而不是我們的眼睛，幻覺在這種過程中是不可或缺的部分。事實上，如果我們的世界圖像確切地符合從眼睛投射到腦部的訊息，這世界會顯得眞的很奇怪。先以這件事起頭：我們每個人平均一秒鐘動眼睛三次；如果我們看某台攝影機用這種晃個不停的方式拍出的影帶，我們很快就會有種暈車似的想吐感覺。但大腦用自己的自動追蹤系統，可以爲我們自動調整影像，製造出穩定的幻象。

不過，在我們意識察覺之外進行的操縱行爲是更大規模的。瑟納教授解釋：視網膜——眼睛後面那一層薄薄的神經細胞——擔任「演化的碟形天線」來接收光子（撞擊眼睛的能量粒子），讓電流信號得以觸發視覺流程。瑟納是加州大學舊金山分校的眼科教授，同時也是《你爲什麼會這樣做？》一書的作者，那本書是對近年來神經科學研究所做的生動概論。可是，由視網膜所傳遞的電流信號本身並不是你望向窗外所看到的清晰影像，也並未參與這種影像的製造。瑟納說，對眼睛而言，這個世界是一個毫無意義的二維蒙太奇畫面，由不連續的光點構成，那種感覺很像是你太靠近去看一幅點描畫家（像是秀拉）所畫的油畫。

讓事情更複雜的是，在你看到任何東西以前，還有個二十分之一秒的時間差。「甚至在那種時候，你也不會看到打在視網膜上的每一個光點，而只是你的腦子覺得有趣而重要的那些。」瑟納這麼指出。「雖然你周圍環境構成的豐富視覺集錦似乎『就在外面』，跟你是各自獨立的，這種色彩豐富的創造物全然是在你腦袋裡編織出來的。」

大腦會認爲哪些東西夠重要，要揀選出來編入你的視覺集錦，有一部分基準在於DNA中所做的編碼——對於同樣的原始視覺資料，蝙蝠大腦建構出來的視覺影像會跟人腦組合出來的影像大有不同。就算兩個人是看著同樣的街景，每個人腦中組成的視覺影像還是可能有所不同。舉例來說，大約百分之六十的人具備某個特殊基因，讓他們能看到波長較長的紅光色素（色彩的構成基礎），所以他們望著一朵紅玫瑰時所看見的色澤，跟另外百分之四十的人望著同一朵花時所見到的並不相同。而且理所當然，看著同一場景的兩個人，基於彼此不同的個人歷史會注意到不同的面向，所以視覺注意力集中在什麼地方，也會影響「看到」的東西。

「利用來自視網膜的資訊，找出物體在立體空間中配置位置的人體知覺機制，是深植在我們的神經系統之中，而且運作時是全自動的。」雪帕德這麼解釋，他是史丹佛大學的退休名譽教授，在他獲獎無數的研究生涯中，曾有許多次爲視覺認知的運作帶來理解上的突破。他說：「這個機制不需要我們下令，我們甚至也察覺不到它的存在，它立刻就開始處理任何視覺輸入訊息——包括二維平面素描所提供的視覺輸入。因此，我們無法選擇只看一張素描的『原狀』——在扁平二維表面上的一種線條圖樣。」我們的大腦在基因上就已經設定好，要把線狀圖形轉換成三維的展示型態，所以我們無法以其他方式看待這些線條圖樣，也就不該讓人覺得意外了。「早在繪畫出現以前，就有人能夠利用這種機制詮釋周遭的三維世界，足以藉此有效地維持生存並且延續後代，我們是從這些人身上繼承到這種機制的。」雪帕德說。

腦部在清醒時，如何刻畫你最後看到的視覺影像？其實就跟在夢境中一樣，都受到你特有的個人歷史所影響。如同塔夫茲大學的神經科學哲學家丹尼特在《解釋意識》裡所說的一樣：「我們不能透過由下而上、由資料所驅動的過程來解釋視覺；視覺的產生必須先有預期估計。」那些預期估計，有一部分是根據你從小到大所有經驗在腦中所造就的特定記憶與預測而建立的。

當我們醒著的時候，表示視網膜電流活動的不連續點被投射到丘腦——腦中充當訊號轉送台的位置——再從這裡投射到主要視覺皮質去。主要視覺皮質再把這些訊號傳遞到各種專攻不同任務（像是臉孔辨識、處理色彩或動作）的神經系統。最後，所有資訊流向視覺系統的最高層，這個部位稱爲聯合皮質，此處儲存記憶、管理視覺處理過程中最抽象的面向，並且組成我們看到的最後影像。然而在

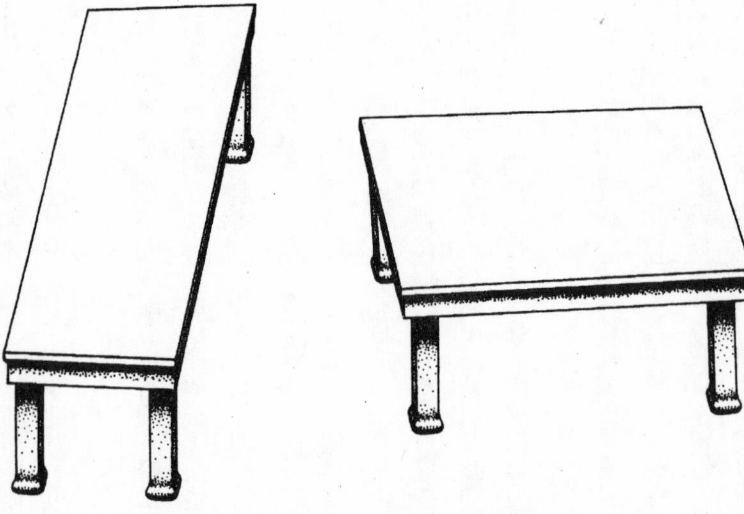

圖十・一　這幅素描題爲「扭轉局面」，顯示出視覺認知通常牽涉到不少的詭計。跟你從第一眼得到的印象相反，畫中兩張桌子的邊實際上是一模一樣的形狀大小，這是雪帕德製造出來的數種視覺幻象之一。雪帕德擁有這張圖的版權，此圖是在他的書《心眼所見》中首度刊登。

夢中，因爲視網膜和主要視覺皮質「下班了」，記憶存量豐富的聯合皮質實際上是產生夢境世界視覺影像的起點兼終點。

根據瑟納的說法：「視覺影像大部分是根據我們對事物應有外表的想法和感覺所形成的……眼睛提供了關於光與暗的資訊，但卻對意義或知覺本身沒有貢獻。不管是醒是睡，那些元素都是由聯合皮質和邊緣系統所提供的；邊緣系統在夢中比清醒時作用更大，管制著引起情緒的記憶。」

爲了闡明他的觀點，瑟納說，在綠葉之間瞥見一道藍色，會激發過去曾對類似背景下的冠藍鴉、藍氣球或藍風箏有反應的一組分散神經元。一旦你的視網膜發出信號，有足夠的實質細節出現了，被激發的神經元所構成的網絡會變得更精確，最後製造出一隻冠藍鴉的清晰影像。同樣的神經元組合可以隨後再重新活化，再創造那個記憶，或者潤飾某個夢境。

簡而言之，在視網膜投射下，代表外界物件的不連續點所涵蓋的範圍，毫無疑問，反映了外在世界的某種具體現實，但實際出現在你腦海中的視覺影像跟夢中影像一樣，是用相同的方式創造的。從某項新穎的動物實驗中，剛好能找到極富戲劇性的例子，指出我們的視覺現實感有多依賴儲存在記憶中的事物：參與這個實驗中的貓咪，從出生起一直到早年腦部視覺皮質的發展關鍵期內，都刻意避免讓牠們看到任何水平線。既然牠們腦中對世界建立的心理模型中不包括水平線，後來在牠們行動路徑上出現水平槓的時候，這些貓會直接走過去，就好像那條水平槓不存在一樣。我們基於過去的經驗，只會看見我們預期要看見的——這種說法其實很貼近實情。

視覺認知的另一個重要特徵，就是其中有很大部分是在意識察覺不到的狀況下進行的，這和大多數其他的腦部活動是一樣的。所以，不管是透過回憶或者清醒夢，我們只察覺到自己一小部分夢境，這個事實並沒有減少這些夢對我們生命的價值和重要性，特別是當你考慮到在所有心理活動中，可能只有不超過百分之五是在意識範圍之內發生的。根據達特茅斯神經科學家葛詹尼加的說法，百分之九十八的腦部作業是在意識知覺範圍之外的，同時在一九九九年有一篇論文回顧了關於這個問題的科學證據，結果做出結論：我們百分之九十五的行動是在無意識中決定的。

神經系統在我們沒意識到也無法控制的狀況下，指導我們的行爲，科赫用「僵屍行爲者」（zombie agent，以「僵屍行爲者」來形容神經系統，是因爲神經系統可以在無意識狀態下自動運作，傳說中的西洋式僵屍也是沒有意識的。此用語在西方分析哲學跟認知科學中是常用語）一詞來形容神經系統具備的這種優勢。「我很難向我父母解釋我在做什麼，因爲從他們的觀點來看，視覺沒什麼複雜的地方啊——你只要張開眼睛就看到了。」科赫說：「現在如果你告訴別人，你正在建造一個可以下西洋棋的電腦程式，那聽起來眞的很有挑戰性；但同時大家就會覺得視覺很簡單，因爲我們只看到輸出資料。多數人無法理解，或者根本不知道腦中有個功能複雜的僵屍行爲者，讓我們可以移動、說話或者觀看。」他指出，任何在機器人學領域內工作的人都知道，就算是一個看起來很簡單的小動作，要用程式設定都很困難。

他說：「當我伸手去拿一個杯子的時候，我根本不知道我是怎麼做的，同樣地我也不知道我的手是怎麼掛在一塊我正在攀爬的岩石上，或者我怎麼拿起一顆蛋、怎麼撿起一根羽毛。」

同樣也很清楚的是，腦部在清醒時刻忙於處理我們感官知覺的其他方面，對於事件發生於何時也製造出幻覺。認知神經科學家李貝特在一九六〇和七〇年代進行了一連串的實驗，顯示任何感官知覺如要進入我們的意識，就必須先經過某個適當的腦部中樞處理，這個程序會耗費大約半秒鐘。如果某人碰了你的手，在你實際感覺到觸碰之前應該會有一段時間差，但你絕不會感覺到任何延遲。腦部做了自動校正以彌補處理所費的時間，好讓你被觸摸的感覺跟那個人碰你的動作像是同時發生的。李貝特也利用腦波紀錄顯示，在你意識到自己決定舉手的三百五十毫秒之前，你的大腦已經把信號送到你的肌肉上，啓動這整個過程了。所以可以說，你是在木已成舟後才被告知的。

我們沒察覺到這些時間差，也不知道幕後的這些祕密運作，我們的運作過程卻沒有因此變得缺乏效率。那麼爲什麼意識（不論是清醒或作夢的模式）要出現呢？「這有可能是因爲，意識讓整個系統可以事先計畫未來的行動，開發或許無窮無盡的行爲方式，而且讓人有可能具備明確的記憶。」科赫說：「意識可能牽涉到以毫秒爲單位的神經元同步放電；然而沒有彼此相關的神經元放電，也可能影響到行爲，卻不會在腦袋裡製造出我們會自覺到的特殊訊號。」

哈佛夢境研究者霍布森同意科赫的看法，視覺認知是了解意識本質的優良模型，因爲視覺認知中提供了清楚的證據，說明任何一種心理狀態只是「神經活動」這種生理性處理流程的反映。他認爲這樣就解決了認知科學家所謂的「心物問題」——總歸起來，這個問題企圖解釋：你在這一刻做爲你自己、處於這個世界上的獨特自覺是怎麼來的。心物問題的核心，在於大腦（說到底，它不過是一團布滿皺摺的組織罷了）到底如何能成爲一個會思考、有感覺的心靈？「一旦你了解到，視覺世界不過就是一連串表徵圖像的神經元放電模式，遊戲就結束了。」霍布森這麼說。

我們的意識感，也包括一個以神經網絡形式製作內在地圖的細膩過程。大腦製作表徵身體與外在世界（我們在其中運作）的內部地圖，藉此而「看見」。舉例來說，我們對於自己身體的自覺，以錯綜複雜的方式連結到讓我們能夠四處移動的肌肉骨骼系統。這種肌肉骨骼系統接著以地圖的形式，被表徵到指引身體動作的那一部分皮質上。就算我們實際上沒有在運用我們的肌肉，在生命早期銘刻上去的地圖仍然可以使用；近幾年對演員克里斯多夫李維所做的一些驚人測試，就明確地展現出這一點。李維在一九九五年發生落馬意外之後，從肩膀以下的部位就幾乎完全癱瘓了。在李維腦部和身體其他部位之間傳遞訊號的神經束裡，大部分的神經雖然都因爲墜馬意外而切斷了，他還是定期跟物理治療師一起做復健，希望能再度恢復走路能力，而且驚人的是，他的大腦仍然可以接收來自癱瘓身體部位的信號。

在他發生意外七年後，華盛頓大學聖路易分校醫學院運用核磁共振造影（簡稱ＭＲＩ）技術，檢查李維的大腦活動對觸摸與活動產生何種形式的反應。他們要求李維跟著一顆網球的錄影帶影像，並且移動他的舌頭或者左手食指（對於這兩個部位，他還有一點控制能力）來指出球的方向。MRI影像偵測出李維追蹤網球的運動時，腦中哪些部分是處於活躍狀態。就像參與李維測試的一位醫師柯貝塔所做的解釋：「在腦中繪製了一幅你的身體圖，由不同的腦區驅策不同的身體部位。」在李維的案例裡，那幅身體地圖顯示出：正常狀況下控制手部運動的腦區，在某種程度上被控制臉部的腦區給取代了，但整體而言，李維的測試結果跟健康二十三歲受試者的結果可以互相對照。

前一陣子，另一位特別的年輕人慕特侯帕德海，也提供了另一個指標，說明這種內在地圖有多重要；他是一位重度自閉症患者，無法說話，但可以透過裝上聲音合成器的筆記型電腦溝通。慕特侯帕德海的表達方式條理清晰，爲自閉症的心靈世界打開一扇罕見的窗口；神經科學家正在研究他，利用腦部造影技術觀察他運作中的腦。正常幼童在生命頭幾年裡，會在涉及觸碰和運動的腦區建立內在地圖，但他們發現慕特侯帕德海似乎缺乏這種內在地圖。他寫道：「當我四或五歲大的時候，除了我肚子餓、或者站在蓮蓬頭下沾濕身體的時候以外，我幾乎不能理解我有個身體。」他解釋，他會翻轉、拍打他的手（很多自閉症患者會這麼做），因爲他需要這樣持續的動作才能得到自己具備身體的感覺。加州大學聖地牙哥分校的研究人員透過其他腦部造影研究發現，許多自閉症患者有著混亂的腦部地圖，其中許多人無法在鏡中辨識自己的身體，他們要對這個世界建立其他種類能夠整合視覺、聽覺、觸覺或味覺的心靈模型，就更加困難了。

霍布森主張，要形成這些關於自己身體和探索外在世界所需的重要地圖，作夢扮演了一個關鍵角色。這些腦中的表徵方式如果要有效，就必須很逼眞地符合外在現實。霍布森說：「腦部會盡快製造出在所有比較性工作中用得到的外在世界副本，好讓你能夠預測即將見到的東西，而不需要爲了每個瞬間的視覺經驗重新創造這個世界。」他認爲我們在子宮中、還有嬰兒時期經歷到的大量REM睡眠，是製造心靈地圖過程的一環。他還論證道：在我們變得更成熟時，這些模型必須更新並加以精緻化，變成更複雜的版本，但這些修正是發生在夜間，在我們的系統「離線」的時候。「我認爲一切是在夢中整合起來的。在你清醒時的每分每秒，你都在使用這個容許你夢到一個虛構現實的腦內假象世界，不管你有沒有自覺都一樣。接著在晚上，腦部取出一點點今天的經驗，再跟你根本不知道有相關性的某些記憶東拼西湊起來，然後就產生夢境。」

所以在每個晚上，作夢幫助我們更新神經網絡，並且潤飾有助於引導行動的內在世界地圖。「清醒狀態和夢境彼此互爲鏡像，在我們的一生中彼此互動，首先就創造出意識，然後在我們過自己的人生時，把具備生物適應目的的資訊傳達給意識。」霍布森在他的著作《夢》裡這樣寫道。雖然貓、猴子甚至鳥類似乎都像我們一樣，在每天晚上的「離線」狀態下修正牠們的神經系統程式，人腦的迴路裡卻顯然有某種不同之處，讓我們有時候具備細緻的夢境情節，這一點又反映出我們有一種不同層次的意識，超過我們跟其他動物共有的那種簡單主觀性感官知覺。用鏡子所做的實驗顯示，海豚、黑猩猩和大猩猩或許可以認得自己的影像，因此有某種基本的視覺自我意識。但是人類具備形成抽象概念、創造語言、做後設思考、反省過去和計畫未來的能力，並不只是過一天算一天，這一點讓人類卓然不同。把這種升級版意識的神經基礎找出來，對於科赫這類的神經科學家來說，是能讓他們全心發揮想像力的一部分長期追求目標。在目標仍然顯得捉摸不定的時刻，科赫說，至少出現了一個線索：在某一型態的腦細胞中，出現了一個異例。

「如果我給你面前擺一小塊人腦還有一小塊猴腦，在這世界上很少有人能夠把兩者區分開來的。它們看起來幾乎一模一樣。」他說：「在硬體方面兩者沒有太大的基本差異，但最近發現，有一種稱為梭形細胞的腦細胞，幾乎只有人類具備，雖然，在其他類似人類的動物身上可以看到微乎其微的一丁點，像是黑猩猩就有。所以，這種細胞在演化上可能是新發展。」雖然在一九二五年就有研究者首度描述梭形細胞，這種細胞專屬於人類和大型猿類的事實，卻是在最近才釐清。研究者發現，梭形細胞只出現在前扣帶迴，也就是克里克推測中的自由意志所在地。而且理所當然的，腦部造影研究已經顯示這裡也是REM睡眠（作夢高峰期）時最為活躍的腦區。這樣的發現，讓兒童夢境專家富克斯所得到的結論平添一層新意義：「我們作夢，是因為我們有了意識。」

跋

剛開始為本書採訪眾多神經科學家的時候，我跟史提高特在麻州心理衛生中心的神經生理學實驗室裡，討論夢境研究。他解釋，不同研究者對於夢境功能的觀點（如果他們確實認為夢境有「功能」可言的話），會基於他們各自追求的研究型態而有所不同。那些進行心理學研究的人會論證，睡眠的作夢階段實際上是以調節情緒為中心，而那些研究夢與記憶固化的人卻不同意，反而會強調夢境對於學習的重要性，此外還有其他人可能辯稱，雖然REM睡眠對於調節體溫與其他生理功能來說是必要的，作夢本身卻沒有任何功能。我回答說，他描述的狀況讓我回想起最近讀給我兒子聽的寓言「瞎子摸象」，史提高特一開始不同意，但接下來突然露出一個頑童般的笑容。他說：「對，事實就是如此。」

這個故事有來自中國、印度和非洲的版本，每個版本都有自己的變化，但本質是一樣的：好幾個盲人第一次碰上一隻大象，而必須只靠觸覺來猜測象的性質。第一個人摸到腿，就說牠一定很像大樹，下一個摸到象牙，就說這種生物一定像支矛，還有其他人摸到鼻子，就堅持他們碰到的是一種蛇。當然，他們都說對了一部分，但只有看到整隻動物才能了解眞相。

雖然，許多關於作夢機制和功能的問題都尚未有定論，但科學家累積到現在的研究結果讓我們能夠退一步，好好審視這頭大象的全貌。有不少證據顯示，REM睡眠在動物身上是演化成一種「離線」工具，利用基因內建的資訊，在子宮時期還有嬰兒時期中爲大腦設定迴路。夢這種工具也可以處理來自每日經驗的生存相關資訊，並且把這些資訊整合到指引未來行爲的腦內模型中。對老鼠所做的研究中，老鼠在睡夢中重新執行了牠們跑迷宮的作業，顯示出這種生物功能仍在動物世界裡運作。

隨著人腦演化（獲得語言能力和主觀意識到自身情緒的能力），作夢產生了多出來的向度，反映出我們這種意識的複雜性增加了。對學習和記憶的近期研究中出現愈來愈多證據，顯示動物夢境的特徵——記憶固化——也是人類心靈在夜晚參與的一個重要部分。對兒童夢境的長期研究，則顯示出讓人類夢境更特別的外加複雜層次，是以何種方式添加上去的，此研究的結果指出：人類版本的夢境，是隨著我們的認知發展階段循序漸進出現的。當神經迴路成熟，並且變得更精緻的時候，人類夢境最後變成故事性的，我們的大腦每天晚上從新記憶和長期記憶中抽取資料，重新打造一個逼眞實境，作夢者在其中就是主要演員。

而且，因爲在我們最多夢的期間，最活躍的腦區是邊緣系統（具情緒色彩的行動與記憶的生產中樞）；腦部優先選擇整合到這些故事裡的記憶，通常是情緒強烈的。負面情緒在全世界的人類夢境中都占有優勢，原因可能在於作夢所具備的基因內建成分，這是我們跟動物共享的部分——我們都在夢中以系統性的方式預習「打或逃」的生存行爲。但我們對情緒的主觀自覺，也讓人類在心理上更加複雜，所以對我們來說，夢境在情緒處理方面扮演了更進一步的角色，而且在實際上影響我們清醒時刻的情緒。有情緒標記的記憶，與我們的自我感絕對有關。

根據較傾向心理學路線的研究者數十年來的研究指出，作夢的自然週期幫助我們克服在生活中遭遇的情緒創傷。當這種週期脫軌的時候，我們會卡在這種情緒裡，陷入憂鬱或反常狀態，例如創傷後壓力症候群。腦部造影研究也支持這些發現：造影研究顯示，憂鬱病患在睡眠和清醒時的腦部活動週期跟正常受試者相反。

簡言之，多夢的REM睡眠所扮演的角色，在每個人身上都經歷過一次演變。當我們在子宮裡的時候，腦中建立起大量的神經迴路網絡，睡眠的作夢階段顯然對這個過程有幫助，並且有助於灌入我們的基因內建「軟體」。當我們成熟時，作夢時間變成腦部在夜間自我重組時不可或缺的一環，把關係到我們身心健康的重要新資訊吸收進來。雖然，訓練夢境回憶能力有時可以為某些急迫的情緒問題提供洞見，同樣很清楚的是，不管我們是否記得夢境，夢都會發揮它們的功能；就像我們清醒時，有許多必要的心智活動，是在我們沒有意識到的狀況下有效地完成的。似乎是出於自然界的規畫，我們不是被設定好要去記得自己的夢；所以，就算大部分人只能回憶起極少量的夢境，也對夢的重要性無損。

雖然如此，善用我們確實能有意識控制的那一部分心理活動，藉此增進我們對夢境的回憶力，可能既有趣又實用。把夢境或者其中一部分捕捉到記憶中的能力，可以導致創意上的突破或者心理上的洞察。但我們也必須了解，某些我們做的夢可能相當平淡，也許就跟走馬燈差不多。事實上，在拉貝吉的書《清醒夢》裡，他把夢比擬爲詩：「如果你這輩子每天晚上都寫了一打的詩，你期待在成千上百首詩裡發現什麼？發現全部都是大師傑作嗎？不太可能。全都是垃圾？這也不太可能。你會期待的是：在一大堆瑣碎打油詩裡面，有一小批極好的詩，但完美的大師之作屈指可數。我相信，你的夢亦然。」

毫無疑問，從清醒到深度睡眠、再進入夢境的轉換，提供了一個絕佳的自然實驗室，用以測試關於意識本質的問題。更加精鍊的腦部造影技術，讓我們有可能在這些轉變發生時，實際看到生理變化如何對應到心理狀態。新的基因篩選技術也另闢蹊徑，讓我們能從小如分子的尺度了解腦中發生的事，並從中獲知腦部如何在睡眠中自我重組，還有實際上我們爲何需要睡眠等相關的詳細資訊。

不幸的是，在過去二十年裡，夢境研究在美國要取得研究經費比在其他國家難得多——特別是加拿大和歐洲，近年來有許多創新的夢境研究是從這兩個地區開始的。在美國，對夢境研究的主要經費來源是聯邦政府，然而在一九八〇與九〇年代期間，掌握政府贊助研究財源的人士逐漸把重點轉移到睡眠失調研究（如嗜睡症）上面，而不是夢的研究。

從夢境研究轉向睡眠研究的迪蒙特，長期以來一直感嘆美國對夢境研究和睡眠的基礎研究都缺乏適當的經費資助。「我在我職業生涯中學到的，就是科學更加政治化了。」迪蒙特說：「我猜，我們的許多議員從未聽過REM睡眠，或者就算他們有聽過，想必也不很清楚這有什麼意義。睡眠占據了我們三分之一的人生，而那三分之一的品質全然地決定另外三分之二的品質——然而，了解睡眠並非全國性要務。去想想這一點：我們花了三分之一的人生睡覺跟作夢，我們卻還不知道爲何如此！」

然而這種可悲的狀況可能正在改變中，部分是因爲腦部造影和其他技術進步開啓了新的科學探索途徑。在一篇二〇〇三年刊登於「紐約時報」的文章裡，賓州大學的一位睡眠研究專家丁吉斯甚至誇張地宣稱，感謝神經科學和睡眠醫學雙方面的進步，「睡眠研究的黃金時期」就要開始了。他說：「這個領域在科學發展上速度這麼快，所以少有研究者能夠有時間好好寫本書。」同樣地，夢境內容分析專家東霍夫說，從夢境研究初萌芽的六〇年代以來，他對夢境研究的前景從未像現在如此樂觀過。他預期未來的神經認知研究會測試現行的理論，並且拓展目前對作夢大腦已有的認識，「這樣一來，腦中的深夜電影就可以整合到爲人類心靈所有層面尋求解釋的大規模理論中」。

然而與睡眠研究相比，到底會不會有更多的經費挹注到夢境研究上，尚有待觀察。大部分的資金來自聯邦衛生機構，而政府官員對於資助睡眠失調臨床研究的興趣，高過於專攻夢境的研究。佩斯蕭特是一位哈佛的精神醫學講師，也是霍布森神經生理學實驗室中研究團隊的一員，他說：「如果你說你的研究主題是夢境，不管你到哪提案找經費都會碰壁。」舉例來說，佩斯蕭特最近進行的研究顯示，服用「血清胺再吸收抑制劑」（包括許多常用處方藥物，像是Paxil、Zoloft和百憂解）這類抗憂鬱藥物的人，表示他們的夢境變頻繁了——雖然這些藥物會增加血清胺濃度，通常會抑制REM睡眠，因此還需要有更多研究，才能理解爲何如此。「記錄像這樣的臨床現象是政府贊助單位的主要興趣所在，而夢不過是一個附帶好處。」佩斯蕭特說：「但我們還是希望因睡眠研究的復興能帶動夢境研究，特別是因爲像史提高特的俄羅斯方塊研究及同類研究，顯示出夢在認知神經科學研究中可以成爲非常有力的工具。」

在此同時，睡眠失調仍然是熱門的研究領域；透過仔細檢視神經缺陷如何打亂正常作夢過程，可以爲夢境研究提供充滿價值的洞見。舉例來說，凱瑞特分析一些苦於「喚醒疾患」（從深度睡眠中醒覺卻又沒有完全恢復意識的睡眠障礙，包括意識不清的喚醒、夜驚和夢遊等類型）的類睡症患者到底發生了什麼事，藉此補助她的研究——夢境在情緒處理中所扮演的角色。近年來她常被傳喚，以顧問身分檢查有這些毛病的病人。類睡症患者並非從慢波睡眠平順地過渡到REM期間的夢境裡，他們會打斷第一次作夢的機會，還處於深度睡眠時就爬下床，從事各種活動，從強迫性進食到暴力行爲都有可能，甚至包括謀殺——但他們沒有一個人醒來時還記得發生什麼事。在本質上，這是兒童或青少年常見的無傷害性夢遊經驗的一種延伸。凱瑞特說：「就像我們其他人一樣，類睡症患者帶著白天剩下來的情緒包袱去睡覺，但他們沒將這些包袱化爲夢境，而是在上半夜進入REM睡眠期前的深度睡眠中起床，繼續做白天未完之事。」

她表示，既然這種疾患可能在家族中流傳，看來是由基因缺陷所造成。在二〇〇〇年英國醫學期刊《刺絡針》上有一則案例，某間腦部造影實驗室在掃描一位類睡症患者時時，眞的捕捉到他起床的狀況。結果出現的影像顯示，跟處於深度睡眠的普通受試者相比，類睡症患者在後扣帶皮質和前小腦的血流量多了百分之二十五——那兩個腦區是跟感官輸入資訊和行動有關——而且，頂額葉聯結皮質的活動降低，這指出受試者無疑還在睡覺。凱瑞特說，這些腦部活動形式，讓這個人在腦子「技術上」睡著後還能到處活動，也讓此人醒來後完全無法回憶起先前的事件。

她檢查過的兩個類睡症患者，被控在這種詭異狀態下犯了謀殺罪，在調查過他們的案子以後，她做出結論：兩個人都是貨眞價實的患者。她說：「我曾經看過一大堆人自稱患病，實際上卻不是，但就我的判斷，這兩個人都是眞的。」在兩個案例中，這兩位男性去睡時都決心要處理某些他們該做的事，然後他們在入睡後起身，在深度睡眠狀態下眞的去做了。他們在夢遊活動中被其他人驚擾時，顯然是處於某種「自動導向」模式；在原始本能引導下，他們狂暴地攻擊任何接近的人。在第一個案例裡，多倫多人帕克斯在一九八七年五月的某個夜晚在沙發上睡著了，然後在深度睡眠狀態下起身，開了幾乎十五哩路到他岳父母家，他原本計畫在第二天到訪。當他半夜要進屋的時候，他的岳母聽到聲響，懷疑是歹徒闖入屋內，隨手抓了一把刀自衛，他卻用那把刀把他的岳母刺死了。這種行爲完全沒有理性動機——帕克斯的岳父母很喜歡他，因爲這個慘劇成爲鰥夫的岳父還出錢保釋他。他的辯護律師指出他睡眠失調，無法爲自身行爲負責而辯護成功。凱瑞特說：「當帕克斯無罪開釋後，他說他害怕回家，因爲他不知道要怎麼確定自己不會再幹出這種事。除非接受藥物治療，否則這種憂慮很有道理。」

另一個案子是關於亞利桑納州的一位電器工程師法拉特，他在類似的狀況下殺死了他的妻子。法拉特在自己臥室裡睡著後再度起身，他大部分的腦子還處於深度睡眠狀態。他走到外面去完成他稍早開始的修理工作；他先前在修理游泳池的濾水系統。當警察到來的聲音把他驚醒時，他的妻子（顯然是到外面來看他爲何起床）已經浮屍在泳池裡，身中四十四刀。凱瑞特說：「法拉特被判無期徒刑，不得假釋；他告訴我，他心裡揮之不去的念頭是：他不知道他正在殺害她，她卻知道。」

凱瑞特說，仔細檢驗這些案例，有可能找出這種處於清醒與睡眠之間的奇怪狀態下，有什麼在運作、又有什麼不在運作。她說：「有喚醒疾患的類睡症患者能在空間中行動自如，但他們沒有臉孔辨識的視覺能力，也聽不到尖叫，他們自己也感覺不到疼痛。帕克斯的手在跟他岳母搏鬥時被嚴重割傷，然而他沒有清醒過來。在這些類睡症患者身上的驅動力也很有意思——攻擊性、憤怒、食欲還有性欲——這些驅力正是我那些憂鬱病患身上減退的力量。類睡症患者完全無法成功地進入REM期去作夢，而憂鬱病患確實有REM期，卻沒有正常的作夢模式。等我們對這兩種不同的失調症狀更了解之後，就能幫助我們更清楚地認識作夢的正常功能。」

類睡症患者的行爲更強調了這個事實：我們任何一刻的意識狀態，就反映了我們腦部的生理狀態，意識狀態的區別並非只是清醒或睡眠這般單純。這些案例也爲科赫所謂的「僵屍行爲者」提供了絕佳的例證，因爲這些患者的腦部活動足以執行複雜運動行爲（如開車），然而他們的行爲卻是在意識察覺範圍外的；產生主觀自覺和回憶所必須有的神經網絡沒有在運作。

然而另一個最近發現的異常行爲，也許能讓我們更進一步了解夜晚的心靈。這種症候群稱爲快速動眼期行爲疾患，罹患這種症候群的人（主要是中年人和老人）在睡眠時跟常人不同；他們並未處於癱瘓狀態。相反的，他們經常會起床、照著他們的夢境行動，就像朱費實驗中的貓：在腦波儀顯示牠們處於REM睡眠期的時候，這些貓會跳起來、看起來像在跟蹤獵物或者攻擊假想敵。這些貓之所以展現這種行爲，是因爲一部分負責在作夢時抑制動作的腦，在外科手術中被移除了；但在人類身上這種現象之所以出現，是因爲腦中自然出現的缺陷。有快速動眼期行爲疾患的人照著夢境行動以後，通常能在醒過來的時候清楚憶起跟行動同步的夢境。芝加哥市羅許長老教會聖路加醫學中心的神經學家兼睡眠失調專家史蒂文斯指出：「最常見的主題是他們夢見被攻擊，所以他們會又推又踢，或者以某些方式把攻擊者趕跑。我有個病人夢到他在踢一隻攻擊他的狗，當他醒來的時候發現他自己猛踢的是床頭櫃。然而不幸的是，通常在作夢者行爲中受傷的都是配偶。」

快速動眼期行爲疾患患者的死後解剖，顯示一個共同的關聯：所有的人在負責調節RE

M期肌肉活動的腦幹部位，都有不正常的細胞。雖然有年僅二十五歲的病患，偶爾也有女性患者，但百分之九十的快速動眼期行爲疾患病人是男性，所以某些科學家推測，男性荷爾蒙可能是引發這種問題的因素之一。被診斷出來的病患通常年約六十歲，但通常在五到十年前就已開始出現病徵。有藥物可以治療這種行爲疾患，但不幸的是，對於許多病患來說，快速動眼期行爲疾患似乎是帕金森氏症和相關行爲疾患的先聲。最近公布了一項針對三十八位快速動眼期行爲疾患病人追蹤十二年的研究，結果顯示三分之二的病患最後會發展成帕金森氏症。

根據凱瑞特的說法，與類睡症相關的某些睡眠中暴行，現在只有稍微超過百分之二被舉報出來。她說：「你不會常聽到這種事，除非眞的出了人命；但有很多案例是妻子不得不把丈夫鎖在另一間臥室裡，因爲她們不希望在晚上被襲擊。」最近有讓人擔憂的徵兆顯示，這種問題可能變得更普遍：某些睡眠診所報告，發現有病患在服用某些屬於血清胺再吸收抑制劑的抗憂鬱藥物後，也發展出跟快速動眼期行爲疾患相關的症候群。這些藥物除了像佩斯蕭特的研究所顯示的，會增加作夢頻率，似乎還會破壞正常的睡眠週期。睡眠失調診所回報，在吃藥的病患在非REM睡眠期也經歷了不尋常的眼球運動——這種現象被某些醫師稱爲「百憂解眼睛」——還有肌肉抽搐和運動，程度之激烈甚至讓他們滾下床。至少有一個研究發現，不尋常的眼球運動在患者停止服用抗憂鬱劑後，最長可持續達六個月。目前還不清楚這些副作用有多普遍，也不清楚這表示什麼預兆，但目前爲止已報告的案例，促使一位重要的睡眠失調專家警告大家不要任意開抗憂鬱藥劑。明尼蘇達區域睡眠失調中心的一位睡眠專家馬哈沃建議：「這些藥物很有效，然而，醫師有責任確定病人的狀況確實嚴重到必須開這種刺激神經的藥物。」一九八六年有一項研究報告正式確定快速動眼期行爲疾患是一種新的類睡症，馬哈沃也是作者之一。

根據芬蘭認知神經科學家雷望索的說法，在未來幾年內，夢境研究也可以在意識研究這個發展迅速的新領域裡，扮演重要的角色。他說：「夢與意識之間的連結是非常親密的，因爲夢是心理現實最赤裸的形式，一種主觀性的虛擬實境。」關於意識，有一個還未解答的核心問題叫做「統整問題」。所有構成我們經驗的感官知覺——色彩、形狀、聲音、觸覺、嗅覺——各由不同的神經機制處理，而且我們還不清楚所有的知覺和情緒是怎麼結合，創造出我們體驗中那種融貫、統整的現實感。當我們做了包含怪異不一致之處、還有場景或角色轉變的夢時，我們就有一個可供研究的例子：在這個狀況下，腦部在統合現象世界時，自然而然地失敗了。雷望索說，理解夢中的分崩離析是什麼原因引起的，有助於釐清腦部在清醒時刻實際上採取了什麼樣的不同作法，讓我們的經驗有融貫感。

研究夢中的怪異成分，實際上就是史華慈在目前職位所追求的研究方向之一；她現在在瑞士日內瓦大學心理與臨床神經科學系工作。她說：「清醒狀態的腦被設定要拒絕古怪的資訊，並且提取經驗中熟悉、預期得到的東西。然而在夢中，大腦接受古怪的訊息，創造出像藍色香蕉這類的影像。我很有興趣了解神經系統爲何會在夢中開始建立超現實的世界，因爲這不是你能夠根據清醒心智，或者說清醒大腦的神經認知模型來預測的結果。」

史華慈跟馬蓋一起工作，馬蓋在他位於比利時的實驗室裡架設了最先進的腦部造影設備，以便繼續他的調查：作夢和其他睡眠階段如何幫助學習和記憶固化，他運用的新科技稱爲功能性核磁共振造影（簡稱fMRI）。這項技術比其他較舊的科技（像是正子斷層掃描）更優越，因爲這種工具可以提供整個腦部的即時同步影像，也能夠爲每個極細微部位提供更精確的影像。另一個優點是，不需要打入任何放射性物質就能取得影像，所以根據實驗人員的需求，受試者接受幾次掃描都沒關係。即時同步功能性核磁共振造影能提供目前最詳細、最全面的大腦活動狀態影像，橫跨清醒與睡眠循環之中的所有不同生理狀態，但這種技術亦有其缺陷。造影設備噪音很大，而且受試者在接受掃描時不能移動。動也不動地躺在鏗鏘作響的掃描儀器裡，實在無法幫助受試者進入夢鄉，不過馬蓋正在解決這個問題。史華慈說：「馬蓋的研究室，會是全世界第一個利用功能性核磁共振掃描技術，集中研究睡眠和夢境研究的研究室。」

他們會運用功能性核磁共振造影結合腦波儀紀錄，研究清醒和睡眠受試者的腦部活動模式。這種腦部造影方法能夠解答的其中一個重要議題，就是特定的夢境內容，是否跟清醒時認知類似內容的已知相關腦區活動互有關聯。舉例來說，史華慈希望能夠看到腦部在夢中建立某張臉孔的表徵時，跟清醒時辨識人臉的腦波活動模式是否有差別，如果有的話，又是什麼樣的差異。測定睡眠中和清醒時被特定內容刺激而活動的腦區，可能幫助我們了解，哪些特殊神經元組創造出我們在夢中看到、感覺到的一切。

最尖端的腦部造影技術，對於索姆斯在南非進行的新研究而言也很重要；索姆斯對於腦部創傷病人的突破性研究，強調出前腦在創造夢境方面扮演的關鍵角色。他跟德國法蘭克福的研究人員合作，運用功能性核磁共振造影研究，來標定那些與REM期夢境品質相近的非REM期夢境中，到底是哪些腦部機制處於活躍狀態。索姆斯表示：「這樣做將會讓我們終於能夠分辨出在REM睡眠時，實際造成夢境的到底是腦部機制的哪些層面，有別於要爲REM期負責的那些面向。」諷刺的是，在睡眠和夢境研究裡贊助資金最豐富的某個新領域，卻以找到既不需要睡眠也不需要夢境的方法爲目標。國防高等研究計畫局是美國國防部的獨立研究單位，他們在二〇〇一年夏天提供一億美金的研究經費徵求提案計畫，終極目標要讓士兵可以一次好幾個星期不用睡覺。國防高等研究計畫局如此描述他們的目標：「排除睡眠的需求，同時保持個人認知與體能的高水準表現，將會造就出戰鬥與兵力運用的根本改變。」這可能讓人一聽就想起電影「奇愛博士」。

從國防高等研究計畫局得到其中一部分研究經費的研究人員中，也包括席格，加州大學洛杉磯分校的頂尖神經生物學研究人員。最近發現嗜睡症病因在於患者腦中缺乏包含「下丘泌素」的某種特定腦細胞，席格也是發現者之一。他也是多種動物睡眠模式的專家，他爲國防高等研究計畫局所做的研究，就是要從海豚不尋常的睡眠模式中得到更豐富的資訊。因爲海豚必須定期浮上海面取得氧氣，也必須持續保持移動，牠們一次只有半邊的腦在睡覺。右半腦處於睡眠階段大約兩小時左右，然後就換成高度的清醒活動狀態，此時變成左半腦進入睡眠週期。在所有週期中，海豚都保持正常行爲狀態。席格說：「我們試圖了解海豚的單邊腦半球睡眠模式，以便知道人類是否可以藉由藥物引發這種模式。」雖然海豚腦部的兩個半球從來沒有同時睡著，卻可以同時醒著，因爲這些海中哺乳動物有時候根本就不睡覺，一次連續醒著至少兩星期——席格說，這個時間長度是軍隊期待士兵能夠不睡而且照常運作的最低標準。席格說：「這是海豚行爲中的常態，而且對牠們沒有負面影響，所以我們也在研究這一點。」他也指出，在爲軍方單位所做的相關研究中，其他科學家也在研究爲何某些鳥類能夠在不睡覺的狀態下長時間遷徙，或者實際上邊睡邊飛。

然而，另一個國防高等研究計畫局贊助的計畫，被設計成要找出下列問題難以捉摸的答案：確切來說，睡眠要達成的首要目的到底爲何？威斯康辛大學麥迪遜分校的研究者錫瑞利，正在研究睡眠時從分子尺度上來說發生了什麼事，她要指出哪些基因跟睡眠有關，或者會被缺乏睡眠所影響。她說：「直到最近十年，我們才掌握了一次篩選數千個基因的技術，此時我們的研究才有可能實現。」軍方贊助錫瑞利對果蠅所做的分子研究，這項研究要找出突變基因是否能夠影響生物體對睡眠的需求。她也曾經檢驗過睡眠剝奪對老鼠腦部（從分子層次來看）造成的影響。初步的結果顯示，只有一個基因的表現是由長期睡眠剝奪所導致的，也就是這個基因參與平衡多巴胺、正腎上腺素和血清胺等神經傳導物質的濃度。一直保持清醒，讓這些腦部化學物質在腦中的循環持續高度集中，而不是在腦部經歷不同睡眠階段時週期性地關閉。她到目前爲止的研究提供了一個有趣的假說。她說：「睡眠功能的一個重點，有可能是讓腦部暫時脫離清醒時占優勢的神經傳導物質。這類神經傳導物質一直在腦中維持高濃度，可能會以某種方式對神經元造成毒害。」

當然，是這些神經傳導物質的劇烈濃度變化，幫助我們創造出可以作夢的生理狀態。所以發展出容許我們在一段時間內不必睡覺的藥物或者其他機制，也會把我們的夢給抹消。在某種長度的時間內不作夢，對我們的生活會有什麼樣的影響還有待了解，但以我們目前所知，夢境對身體、情緒和認知保持良好狀態都扮演一定的角色，要是少了夢境，很難想像我們對世界的體驗還會如此豐富。

進一步的研究，無疑地會補上這幅拼圖剩下的部分，確切地耙梳出前腦的高階層次是如何參與夢境，還有夢境劇本是如何架構出來的。但眼前最令人興奮的研究新領域，可能會運用夢境研究來進一步了解心智在清醒狀態下如何運作。我們現在知道，我們可以運用自己的認知能力同時成爲夢境進行中的參與者和觀察者，這讓我們可以偷聽到大腦對自己說些什麼。更進一步了解清醒夢的過程，會有助於回答關於意識本質的問題。

多虧那些站在研究最前線，想去理解大腦如何變成心靈等大哉問的研究者，我們得以知道，即便是在清醒時跟「眞實」世界互動，我們的經驗實際上並非發生在「外面」，而是在腦子裡面，就跟在夢中一樣。我們在清醒生活中參與的終極現實秀場，通常就跟夢一樣，是由驚人複雜的神經迴路漂亮完成的騙局。半個世紀的夢境研究已經顯示，夢是一種豐富的意識形式，我們對於夢的重視程度，應該不亞於我們對外在世界清醒經驗的重視。科學讓我們對夢境及其他構成「自我」的腦部內在運作，有了比過去更多的理解，這只會讓我們對大自然的傑出設計有更深刻的敬畏之情。

重要名詞中英對照表

一至四劃

一元胺抑制劑　monoamine inhibitors
乙醯膽鹼　acetylcholine
丁吉斯　David Dinges
入眠幻覺　hypnagogic image
入睡幻覺　hypnagogic imagery
下丘泌素　hypocretin
凡戴卡索　Robert Van de Castle
大瑟爾　Big Sur
工作記憶　working memory
丹尼特　Daniel Dennett
內格爾　Lynn Nagel
反向學習　reverse learning
巴爾金　Tom Balkin
心物問題　mind-body problem
丘腦　thalamus

五劃

主要視覺皮質　Primary visual cortex
功能性核磁共振造影　functional magnetic resonance imaging (fMRI)
卡尼　Avi Karni
卡恩　David Kahn
卡爾菲德　Patricia Garfield
可體松　cortisol
史卓奇　Inge Strauch
史威夫特　Jonathan Swift
史威茲蓋柏　Eric Schwitzgebel

史耐德　Frederick Snyder
史培利　Roger Sperry
史密斯　Carlyle Smith
史提高特　Robert Stickgold
史華慈　Sophie Schwartz
史瑞鐸　Michael Schredl
史蒂文斯　Suzanne Stevens
史戴茲　Bert States
尼可勞斯　Jack Nicklaus
尼爾森　Tore Nielsen
布紐爾　Luis Bunuel
布勞恩　Allen Braun
正子斷層掃描　positron-emission tomography (PET)
正腎上腺素　norepinephrine
白日遺思　day residue

六劃

伊色冷學院　Esalen Institute
伊渥特　Jack Ewalt
休伯爾　David Hubel
吉珥羅　Patricia A. Kilroe
回饋系統　reward system
安卓布斯　John Antrobus
朱費　Michel Jouvet
米其森　Graeme Mitchison
自我　ego
自我表徵　self-representation
自傳性（事件）記憶　autobiographic (episodic) memory
艾莫立大學　Emory University
艾維聖德尼侯爵　Marquis d’Hervey de Saint-Denys
血清素　serotonin

佩格 James Pagel
佩斯蕭特 Ed Pace-Schott
依尤倫 Yir Yoront
初階視覺皮質 primary visual cortex
和平工作團 Peace Corps
垃圾回收 garbage collection
尚考克多 Jean Cocteau
帕弗利迪斯 Constantine Pavlides
帕克斯 Kenneth Parks
拉貝吉 Stephen LaBerge
拉洛米 Laramie
明尼蘇達區域睡眠失調中心 Minnesota Regional Sleep Disorders Center
東霍夫 Bill Domhoff
林克萊特 Richard Linklater
法拉特 Scott Falater
法拉黛 Ann Faraday
波士頓地區牛頓衛斯理醫院睡眠失調中心 Sleep Disorder Center at Newton-Wellesley Hospital
肯・凱錫 Ken Kesey
肯戴爾 Eric Kandel
芭瑞特 Deirdre Barrett
阿巴特館 Abbott Hall
阿特米多魯斯 Artemidorus
阿瑟林斯基 Eugene Aserinsky

九劃

俄羅斯方塊 Tetris
保羅・麥卡尼 Paul McCartney
前小腦 anterior cerebellum
前扣帶迴 Anterior cingulate gyrus
前額葉切除術 prefrontal lobotomy

前額葉皮質　Prefrontal cortex
哈特曼　Ernest Hartmann
威索　Torstein Wiesel
威爾森　Matthew Wilson
後扣帶皮質　posterior cingulated cortex
柏格曼　Ingmar Bergman
柯貝塔　Maruizio Corbetta
珂爾　Nancy Kerr
科赫　Christof Koch
致死性家族失眠症　Fatal Familial Insomnia (FFI)
范伊登　Frederik van Eeden
范德凱索　Robert Van de Castle
迪蒙特　William Dement

十劃

原型象徵　archetypal symbols
原欲　libido
唐南珊　Nancy Chang
夏普　Page Sharp
席格　Jerome Siegel
核磁共振造影　magnetic resonance imaging (MRI)
格里芬　Joe Griffin
海馬迴　Hippocampus
納許　John Nash
紐曼　Donald J. Newman
索姆斯　Mark Solms
馬哈沃　Mark Mahowald
馬格利亞許　Dan Margoliash
馬蓋　Pierre Maquet

十一劃

勒杜　Joseph LeDoux
國防高等研究計畫局　Defense Advanced Research Projects Agency
國家衛生研究院　National Institutes of Health (NIH)
基因表現　gene expression
基底核　basal forebrain nuclei
張子文　Tse Wen Chang
清醒之夢　lucid dream
梭形細胞　spindle cell
現實驗證系統　reality-testing system
統整問題　binding problem
連結皮質　association cortex
陳述性記憶　declarative memory
雪帕德　Roger Shepard
頂葉　Parietal lobe
頂葉皮質層　parietal cortex
頂額葉聯結皮質　Frontoparietal associative cortices
麥卡利　Robert McCarley
麥克阿瑟基金會　MacArthur Foundation
麻州心理衛生中心　Massachusetts Mental Health Center

十二劃

凱斯西儲大學　Case Western Reserve University
凱瑞特　Rosalind Cartwright
創傷後症候群　post-traumatic stress disorder (PTSD)
喚醒疾患　arousal disorder
喬伊斯　James Joyce
場所細胞　place cells
富克斯　David Foulkes

斑胸草雀 zebra finch

斯奈德 Frederick Snyder

普遍之夢 universal dreams

普魯斯特 Marcel Proust

視覺皮質層 visual cortex

十三劃

費里尼 Federico Fellini

費曼 Richard Feynman

賀特 Piet Hut

賀塔爾 Kathy Hurxthal

集體潛意識 collective unconscious

塔夫茲大學 Tufts University

塔特 Charles Tart

微醒 microawakening

意識的神經元相關組 neuronal correlates of consciousness (NCC)

損傷 lesion

新皮質 neocortex

新星夢想家 Nova Dreamer

溫森 Jonathan Winson

瑟納 Thomas B. Czerner

腦白質切斷術 prefrontal leukotomy

腦波圖 electroencephalogram (EEG)

腦幹 Brainstem

腦橋 pons

腳的存在難題 L’egs-istential Quandary

腹內側前腦 ventromesial forebrain

葛詹尼加 Michael Gazzaniga

路斯 Gay Gaer Luce

運動皮質 Motor cortex

達瑪西歐 Antonio Damasio
雷可夫 George Lakoff
雷望索 Antti Revonsuo
夢中清醒協會 Lucidity Institute
夢延遲效應 dream lag effect

十四劃以上

慢波睡眠 slow-wave sleep
榮格 Carl Jung
睡眠初期 sleep onset
蓋爾曼 Murray Gell-Man
赫伯特 George Herbert
赫恩 Keith Hearne
赫特夏芬 Allan Rechtschaffen
慕特侯帕德海 Tito Mukhopadhyay
歐布萊恩 Danielle O'Brien
歐曼 Shimon Ullman
蝴蝶狀神經膠質瘤 butterfly glioma
諾夫辛格 Eric A. Nofzinger
錫瑞利 Chiara Cirelli
霍布森 J. Allan Hobson
霍爾 Calvin Hall
霍羅維茲 Paul Horowitz
戴比爾斯公司 DeBeers
戴伯夫 Joseph Delboeuf
聯合皮質 associative cortices
醞釀 incubation
擴大 amplification
薩德拉 Antonio Zadra
藍維爾 Raymond Rainville
魏茲曼研究所 Weizmann Institute
懷俄明大學 University of Wyoming

羅夫渥格　Howard Roffwarg

羅許長老教會聖路加醫學中心　Rush-Presbyterian-St. Luke's Medical Center

羅傑斯　Carl Rogers

類睡症患者　parasomniacs

龐賽普　Jaak Panksepp

顯相內容　manifest content

文獻及藝文創作

一至六劃

〈一套科學心理學方案〉　*Project for a Scientific Psychology*

《八又二分之一》　*8 1/2*

《大腦比你先知道》　*The Mind's Past*

《今日心理學》　*Psychology Today*

《尤利西斯》　*Ulysses*

《心眼所見》　*Mind Sights*

《在黑暗中看見：對於夢境與做夢的省思》　*Seeing in the Dark: Reflections on Dreams and Dreaming*

《有事發生的感覺》　*The Feelings of What Happens*

《中產階級的拘謹魅力》　*The Discreet Charm of the Bourgeoisie*

《北西北》　*North by Northwest*

《半夢半醒的人生》　*Waking Life*

七至九劃

《作夢的靈魂》　*Dreaming Souls*

《你為什麼會這樣做？》　*What Makes You Tick?*

《我們作夢的心靈》　*Our Dreaming Mind*

《奇愛博士》 *Dr. Strangelove*

《兒童的夢與意識的發展》 *Children's Dreaming and the Development of Consciousness*

《刺胳針》 *Lancet*

《突觸構成的自我》 *Synaptic Self*

《美麗境界》 *A Beautiful Mind*

〈昨日〉 *Yesterday*

十至十二劃

《飛越杜鵑窩》 *One Flew over the Cuckoo's Nest*

《紐約時報週日雜誌》 *New York Times Sunday Magazine*

《追憶逝水年華》 *Remembrance of Things Past*

《探索清醒之夢的世界》 *Exploring the World of Lucid Dreaming*

《清醒之夢》 *Lucid Dreaming*

《異常精神狀態》 *Altered States of Consciousness*

《救命！》 *Help!*

《野草莓》 *Wild Strawberries*

《創傷與夢》 *Trauma and Dreams*

《尋找記憶》 *Searching for Memory*

十三劃以上

《奧義書》 *Upanishads*

《解釋意識》 *Consciousness Explained*

《夢》 *Dreaming*

《夢中清醒》 *Lucidity*

《夢的科學研究》 *The Scientific Study of Dreams*

《夢的解析》 *The Interpretation of Dreams*

《夢與引導夢境指南》 *Dreams and How to Guide Them*

《睡眠守望者》 *The Sleepwatcher*

《睡眠委員會》 *The Committee of Sleep*

《綠野仙蹤》 *The Wizard of Oz*

《驚異的假說》 *The Astonishing Hypothesis*